JN165210

ポスト新産業革命

「人口減少」×「ＡＩ」が変える経済と仕事の教科書

加谷珪一
Keiichi KAYA

CCCメディアハウス

はじめに

「人口減少」×「人工知能」
なぜ、ポスト2025年が重要なのか?

このところ、人口減少による影響がジワジワと拡大している。

人口減少が社会や経済に大きな影響を及ぼすことは誰でも知っているが、ほとんどの人にとっては「将来」の話でしかなかった。

ところが、ビジネスの現場ではこうした常識が徐々に通用しなくなっている。24時間営業が相次いで取りやめになったり、アルバイトやパートの確保が難しくなるなど、人口減少問題が目先の業務を左右し始めているのだ。

しかしながら、今はまだ序の口といってよい。

日本の人口減少が本格化するのは、むしろこれからである。

最新の人口推計では、出生率が同じと仮定した場合、日本の人口は2065年までに現在から3割も少ない8000万人台まで減ってしまう。

人口減少は、都市部への人の移動を促し、不動産価値を一変させる。利便性の高い不動産が価格を維持する一方、値段の付かない不動産が全国に溢れることになる。商圏の維持が不可能となるエリアが続出し、企業の出店戦略も変更を余儀なくされる。

人口減少が経済やビジネスに与える影響は、多くの人にとって、従来の想像をはるかに超えるものとなるだろう。

一方で、日本の人口減少と歩調を合わせるように、これまでにないイノベーションの波が押し寄せている。ＡＩ（人工知能）を中心とした新しいテクノロジーが、ビジネスや投資、ライフスタイルを大きく変えようとしている。

これらのテクノロジーは、人口減少問題に直面する日本にとって救世主にもなるが、使い方を誤ってしまうと悪魔にもなってしまう。

ＡＩのビジネスへの応用は、すでに始まっている。

米国ではアマゾンが無人コンビニに乗り出すなど小売のＡＩ化に向けた動きが活発化している。コンビニやスーパーといった小売店は、顧客の来店を待つという受動的なビジネスだが、ＡＩ時代においては、ネットを使って顧客に働きかける能動的ビジネスへと様変わりする。

自動車産業では、ＡＩ（自動運転）化だけでなく、ＥＶ（電気自動車）化やカーシェアリングなど、様々なイノベーションが同時進行している。10年後の自動車産業は今とはまったく違った姿になっているだろう。

金融業界も同じである。

ＡＩと金融ビジネスの親和性は高く、どんな業種からでも金融業界への参入が可能となる。既存の金融機関にとっては厳しい時代かもしれないが、市場拡大の余地は大きい。

筆者は「人口減少」や「人工知能（ＡＩ）化」による社会の変貌が誰の目にも明らかとなるのは、東京オリンピックから5年後の２０２５年あたりになるとみている。

２０２５年には団塊の世代全員が75歳以上（後期高齢者）になり、社会保障費の急増が予想されている（いわゆる２０２５年問題）。また、年間の人口減少率が5％を超え、日本は加速度的に縮小均衡社会にシフトしていく。一方で、このタイミングまでには社会のＡＩ化もかなり進んでいるはずだ。

ポスト2025年の日本社会には、今とは全く違った光景が広がっているだろう。

本書は、現在進行形の出来事を材料に、ポスト2025年の社会や経済について大胆に予測し、新時代を生き延びる方法について解説したものである。

全体は3章構成になっている。

第1章では、今、日本で何が起こっているのかについて解説した。大きな流れとして、どこに向かっているのか、そして何が起こっているのか大局的に理解して欲しい。バラバラの出来事に思えることでも、地下深くではつながっていることがある。相互の関係性にも注意が必要である。

第2章では、業界ごとにどのような変化があるのかについてまとめた。自動車やエレクトロニクスなどの製造業、小売、外食といった主要サービス業に加え、金融、不動産、メディア・コンテンツなど10分野をカバーした。各業界が人口減少やAI化でどう変化していくのか理解できるだろう。

第3章では、新しい社会で成功するためのポイントについてまとめた。ビジネスのルールは180度変わってしまうので、従来の価値観は一掃する必要があることが理解できるはずだ。

新時代に求められるのは、英語をしゃべることでも、皆がプログラミングをすることでもなく、従来の常識や価値観を転換することである。それさえできれば、ビジネスや投資について困惑する必要はまったくない。

本書がその良き羅針盤となることを筆者は願っている。

目次

第2章 日本の主要産業はどうなる？

第3章　新時代に勝ち抜く方法

ポスト新産業革命

「人口減少」×「AI」が変える
経済と仕事の教科書

第 1 章

今、
何が起きているのか？

日本人が気づいていない「人口減少」の本当のインパクト

「今後は人口減少が急激に進むので厳しい時代になる」という話をすると、「そんなこと、当たり前のことでは？」といった顔をされることがある。

人口が減るという話は以前から多くのメディアで取り上げられているので、「人口減少」というキーワードそのものを知らないという人はほとんどいないだろう。だがキーワードとして知っていることと、それが持つ本質的な意味を知っていることには雲泥の差がある。

キーワードは、それを覚えてしまうと、理解したかのような錯覚をもたらしてしまう危険があるのだが、人口減少はまさにその典型といってよいだろう。人口減少がもたらす影響について皮膚感覚で理解できている人はまだ少ない。

人口減少はビジネスや投資の分野はもちろんのこと、一般的な社会生活や、人々の基本的な価値観に至るまで、広範囲に影響を及ぼすことになる。場合によっては、想像もできなかった事態が発生する可能性があり、そうなった時にパニックを起こさないよう、今から準備しておく必要がある。

もう少し詳しく見てみよう。

国立社会保障・人口問題研究所が2017年に公表した将来人口推計によると、1人の女性が産む子供の数が今と変わらないと仮定した場合、日本の総人口は2053年に1億人を割り、2065年には、現在より3割も少ない8800万人になるという。

この推計の基準となった2015年時点における日本の総人口は1億2709万人であった。50年間で3900万人の減少なので、1年あたりに換算すると78万人の減少ということになる。

78万人というと、静岡市や岡山市など有力な地方都市に相当する人数である。**これから日本が迎えようとしているのは、毎年、大規模な地方都市がひとつずつ消滅していく社会**なのである。

では、人口が減っていくとどのようなことが起こるのだろうか。これについては本書で順次解説していくが、まずはそのインパクトの大きさについてひとつの例をあげてみたい。

筆者は日本の人口が減っている、というトーンで話を進めているが、実は現時点において日本の人口はそれほど減っていない。２０１５年と２０１６年の比較では、減少率はわずか０・13％だった。もう少し過去に遡っても同様である。

２０００年当時の人口は約1億２６９３万人、２０１０年の人口は1億２８０６万人だったので、総人口そのものはあまり変化していない。これまでは「人口減少社会」というよりは「人口横ばい社会」だったというのが正しい認識である。

ただ、人口が減っていないからといって何も影響がなかったのかというと、そうではない。総人口が減っていなくても高齢化が進み、人口構成が大きく変化していたからである。

２０００年以降、34歳以下の人口は約22％減少したが、一方で、60歳以上の人口は44％も増加した。**日本では長期にわたって景気低迷が続いていたにもかかわらず、失業率が低下していたのは、若年層を中心に労働力人口が減っていたから**である。

若年層の人口減少が何をもたらしたのかを考えれば、人口減少のインパクトを実感として理解できるはずだ。

ある年齢層の人口が15年で2割も減るというのはマクロ経済的には大きなインパクトであり、企業活動にかなりの影響を及ぼすことになる。

牛丼チェーン「すき家」で深夜の1人運営体制（いわゆるワンオペ）が問題視されたり、電通で新入社員の過労自殺が発生したことの背景には、若年層人口の減少という現実がある。

一連の出来事は、いわゆる働き方改革の一環として理解されることも多いのだが、本来は若年層人口の減少とセットで考えるべきテーマといってよい。

若年層の人口が減ったことで、一部の現場には過剰な負荷がかかり、長時間労働にならざるを得なくなった。一部企業の体制に問題があったのは事実だが、企業のモラルという部分だけにとらわれると事の本質を見誤る可能性がある。

若年層人口が2割減っただけで、働き方改革が政治の一大テーマになったという現実を考えれば、今後やってくる本格的な人口減少がどれだけ深刻な問題を引き起こすのか、想像できるのではないだろうか。

出生率を上げる国策が、むしろ人口問題を悪化させる

これまでの時代は、人口が横ばいで推移し、その中で高齢化が進んでいるだけだった。しかし今後は、いよいよ総人口の減少が本格化する。しかも恐ろしいことに、経済活動の担い手である生産年齢人口が著しく減ってしまうのだ。

現在、生産活動に従事できる人の全人口に占める割合は約60％だが、今後50年間で何と4割も減ってしまい、比率としては50％近くまで下がってしまう。

若年層労働人口が2割減少しただけでも、社会は大混乱だったが、今後は同じ問題が中核労働者層にも及んでくる。一般的なホワイトカラーの職場においても、とにかく人が足りないという状況になることは容易に想像できる。「すき家」のワンオペや電通の過労自殺と同様の問題が、中高年層においても発生するかもしれない。

政府は順調な経済活動を維持するためには、1億人の人口維持が必要としている。

だが、今のままでは到底その水準に及ばない。

一連の話を聞いて、出生率を上げればよいと考えた人は多いだろう。実際、女性がたくさん子供を産めば人口問題は解決するといったトーンの指摘は多い。政府も人口を維持するため、出生率を引き上げる方針を掲げている。

しかし、現実はもっと厳しい。

人口推計を見る限りでは出生率を上げてもほとんど問題は解決しないばかりか、下手に出生率を上げると状況がさらに悪化してしまうのだ。

2065年に人口が8808万人に減少するという先ほどの推計は、出生率を現在の水準である1・44と仮定した場合の数字である。

この推計では出生率を1・65まで上げた場合の数字も公表しているのだが、それによると50年後の総人口は9490万人と約25%の減少にとどまっている。

一見すると出生率を上げると効果的に思えるがそうではない。総人口の減少は確かに抑制されているが、驚くべきことに、生産年齢人口の割合は52・2%となっており、出生率が1・44のケース（51・4%）とほとんど変わっていないのだ。

現実問題として、出生率を1・44から1・65まで上げること自体が至難の業であり、ほぼ実現不可能な水準である。だが、仮にこれを実現できたとしても経済活動の担い手となる生産年齢人口の割合を大きく増やすことはできないのだ。つまり生産活動に従事する人の負担はまったく減らないのである。

問題はそれだけではない。

出生率を上げた場合、0から14歳までの人口減少はかなり改善するが、彼らは大人になるまで生産活動に従事することができない。つまり出生率を上げてしまうと、生産活動に従事する年齢層の人たちは、高齢者を扶養することに加えて、急速に数が増える子供も扶養しなければならない。

今から無計画に出生率を上げてしまうと、今の若者が中高年になった時、老人に加え、急増した子供の生活も支える必要が出てくる。これはあまりにも過酷だ。

筆者は、出生率を上げるべきではないと主張したいわけではないが、出生率を上げればすべての問題が解決するというのは幻想であることがおわかりいただけるだろう。出生率を上げた場合、今の若者世代が将来、どの程度の負担を背負うのかまで考えなければ、正しい選択とはいえないはずだ。

一連の状況を冷静に受け止めると、以下のことがわかる。

最初に理解しておくべきなのは、**出生率を上げることは困難**という現実である。日本経済の基礎体力は年々低下が進んでおり、もはや平均年収は300万円台である。基本的に夫婦共働きでなければ生活そのものが成立しないという世帯がほとんどだろう。

そのような環境において、多くの家庭で第2子、第3子まで出産させるというのは、現実的に不可能である。しかも、先ほど解説したように、**出生率を上げても状況は改善しない。**

この問題に対する抜本的な解決策は移民の受け入れしかないが、日本社会がこれを決断する可能性は極めて低い。結果的に日本社会は、急激な人口減少に対して何もしないという最悪の選択を（無意識的に）行うことになるだろう。

これからの時代を考えるにあたっては、ここがもっとも重要なポイントとなる。**望むと望まざるとにかかわらず、日本は人口減少を受け入れざるを得ない。**

したがってビジネスや投資については、これを大前提として、シナリオを構築する必要がある。以下では人口が減ると何が起こるのか具体的に考えてみたい。

深刻な人手不足から、経済に供給制限がかかる

人口減少が進むと、最初に顕在化してくるのは、やはり人手不足の問題である。人口が減れば、需要も減るので人手不足は解消されるのではないかと思ってしまうが、そうではない。

先ほど説明したように、日本の人口減少は若年層人口の減少からスタートし、次いで生産年齢人口の減少にシフトしていく。一方、高齢者は生産には従事しないものの、生活を営んでいる以上、基本的な消費は減らない。このため、経済全体の需要もなかなか減らないのだ。

需要が変わらない中で生産に従事する人が減るので、企業は人手不足という問題に直面することになる。最終的にはすべての年齢層の人口が減るので、日本全体の需要も減ってバランスが取れるが、そうなるのはかなり先の話である。当分の間、

日本経済は人手不足という問題に悩まされ続けることになる。

ここで重要なのは、基本的な需要が変化しない中、製品やサービスの供給力が低下することである。

企業は人手不足の中、人材を確保するため、いずれ賃金を上げざるを得なくなる。賃金だけが上昇するのであれば問題はないのだが、そのままでは企業は減益となってしまうため、賃上げ分は製品価格に転嫁することになる。

そうなると、消費者にとっては賃金が上がっても、物価もそれに合わせて上昇してしまうので、実質的な生活水準は向上しないことになる。

もし人手不足がさらに深刻化した場合、企業の中には社員を確保できないことを理由に、生産を縮小するところも出てくるだろう。そうなると経済全体に供給される製品やサービスの絶対数が減り、さらに価格が上昇することにもなりかねない。

結果として**物価だけが上昇し、経済は成長しないという状態に陥りやすくなる。**

経済の低成長と物価上昇が組み合わされた状態のことをスタグフレーションと呼ぶが、**人手不足社会というのはスタグフレーションを引き起こしやすい**のだ。

現時点ではインフレよりもデフレ傾向が強く、物価上昇といってもあまりピンとこないかもしれない。実際のところ、どのタイミングで物価が上昇に転じるのかは神のみぞ知るところだが、人手不足社会というのは、構造的に物価が上がりやすいという現実は理解しておいた方がよい。

もっとも、経済学的に見れば日本はそろそろインフレに転じるタイミングに差し掛かっている。ヒントとなるのは経済学で用いられるフィリップス曲線である。

フィリップス曲線とは、失業率と物価上昇率の関係を示したグラフで、一般的には横軸に失業率、縦軸に物価上昇率を取ることが多い。よくメディアでフィリップ曲線について解説した記事を見かけるが、たいていは過去20年くらいのデータしか使っていない。

日本における過去20年のフィリップス曲線はほぼ水平となっている。つまり失業率が何%であっても物価はあまり変わらないという結論になり、これをもって日本の物価は上がらないと結論付ける識者も多い。

だが過去50年にわたってデータをプロットするとフィリップス曲線はまったく別の顔を見せる。インフレが激しかった1970年代のデータも入ってくるので、フィリップス曲線はL字型となる。

詳細はここでは省略するが、失業率が2・5%を切ってくると、日本は急激にインフレになることを長期のフィリップス曲線は示唆しているのだ。ちなみに2017年11月時点における日本の失業率は2・7％と24年ぶりの低水準を記録した。人手不足の進展から失業率はさらに低下するとの予想もある。

失業率が2・5％を切り、さらに2％に近づく状態となれば、そして過去の法則に従うのなら、日本経済は一気にインフレモードに突入する。

私たちは占い師ではないので、いつそうなるのかについて予言したり、その当たり外れについて議論してもあまり意味はない。重要なのは、人手不足が続くと構造的にインフレになりやすく、歴史を遡れば、人手不足が深刻化した時には、たいていインフレになっていたという事実である。

もし幸いにも、悪性のインフレが加速しなければそれはそれでよいことなので、プラス方向に考えればよい。だが備えだけはしておいた方がよいし、実際に筆者自身はインフレ対策を進めている。

では具体的にインフレが起こると、ビジネスにどのような影響が及ぶのか考えてみよう。

「てるみくらぶ問題」はあちこちで発生する

人口減少による人手不足とそれに伴う**インフレは、日本企業の多くが得意としてきた薄利多売型ビジネス・モデルを直撃**する。２０１７年前半に「てるみくらぶ」という旅行会社が破綻するという出来事があったが、同社の破綻はインフレ経済の前兆とみなせるケースである。

「てるみくらぶ」の破産に際して記者会見に臨んだ同社の山田千賀子社長は、経営が悪化した理由として、広告費が増大したことや、航空機の座席確保が難しくなったことなどをあげた。

同社は２０１４年から赤字に転落していたにもかかわらず決算を粉飾していた可能性が指摘されており、もし事実なら、山田氏には経営者として弁解する余地はまったくない。だが、経営悪化の原因に関する彼女の説明はおそらく本当だろう。

格安旅行会社は、航空機の余剰座席をまとめて仕入れ、安価なパッケージとして利用者に販売するというビジネス・モデルである。つまり航空機の座席やホテルの部屋を安く大量に仕入れることができなければ、事業として成立しない。

ガラパゴスな日本にいるとあまり実感しないのだが、世界の航空輸送は驚異的なペースで成長している。過去20年の間に、北米の旅客数は約2倍に、欧州は約3倍に、アジアは約4倍に成長した。これに対して、日本国内の旅客数はほぼ横ばいのままだ。

輸送需要の伸びは新興国がもっとも大きかったという事情もあり、航空各社は超大型機から、小回りのきく中小型機へと機材のシフトを進めてきた。このため座席の利用効率が上がっており、航空業界では余剰座席が少なくなっていた。

またアジア地域の経済力拡大に伴って来日する観光客が増加し、座席を確保するコストが急激に上昇していた。つまり、**てるみくらぶは一足先にインフレの影響を大きく受けていた**ことになる。

この状況に追い打ちをかけたのが円安である。

円安の進展によって海外ホテルの仕入れ価格が急上昇し、さらに利益率が低下した。同社の主要顧客は低価格を強く望む層であり、仕入れコストの増加を価格に転嫁することは難しかった。無理な広告宣伝を重ねることでさらに悪循環に陥ったことは想像に難くない。

日本も海外と同じように経済成長していれば、顧客の購買力も増え、コストを価格に転嫁することができたかもしれない。だが需要が伸びない中、供給のコストばかりが増加すると、最終的に得られる利益が減ってしまう。

以上の話は、てるみくらぶというひとつの会社に関するものだが、今後の日本経済全体が直面する課題でもある。

需要が伸びない中、供給に制限がかかってしまうと、供給コストが急激に増大する。その結果、薄利多売を前提としていたビジネス・モデルはことごとく崩壊してしまう。日本企業の多くが、薄利多売を得意としており、程度の差こそあれ、皆が「てるみくらぶ」状態になっている。

規模を縮小し、一定の利益率を確保する縮小均衡モデルに転換するか、付加価値の高い製品やサービスにシフトしなければ、新しい時代を生き延びることはできないだろう。要するに、**多くの企業が近い将来、ビジネス・モデルの抜本的な転換を迫られる**可能性が高いのだ。

感度の高い企業はすでに続々と動き始めている。

格安航空券ビジネスの元祖であり、若年層の利用が圧倒的に多かったエイチ・アイ・エスは、すでに10年前から付加価値の高い高齢者に主要顧客層をシフト。さらに同社は近年、旅行代理店というビジネスそのものに見切りを付け始めている。ロボットが出迎える「変なホテル」に代表されるホテル事業など新業態に向けて急速に舵を切り始めた。

ドーナツ市場の縮小に悩むミスタードーナツは、今後、店内で調理する店舗を減らし、近隣店舗で商品を融通するシステムに切り替える方針だという。調理を行う店舗を減らせば、熟練していない労働者でも店舗に配置することが可能となる。背景となっているのは市場の縮小と人手不足である。

同社は売上高が2割から3割減少しても利益を出せる体質にするとしており、市場に対する見方は非常に厳しい。かなり極端な例かもしれないが、このくらい厳しい見立てが必要というのが偽らざる現実である。

昭和型ライフスタイルの完全消滅

人手不足の慢性化は、私たちの基本的な価値観も変えてしまう可能性がある。

生産に必要な労働力をうまく確保できなくなると、企業は需要があるにもかかわらず生産を縮小せざるを得なくなる。企業はこのような負のサイクルに陥らないよう、何とか人材を確保しようと苦心するはずだ。

一方、景気がよくなっているわけではないので、労働者の実質賃金は今後もあまり増えない可能性が高い。

企業は柔軟な就業形態も許容するようになり、在宅勤務や半日労働、週の半分だけ出社、兼業など、**あらゆる働き方がひとつの会社の中に混在するようになる**だろう。一方で、家計は家族総出で労働しなければ生活を支えることができない。その結果、夫が正社員として働き、奥さんは家事に従事するという、いわゆる**昭和型の**

ライフスタイルも完全消滅に向けて動き出すことになる。

子供を持たない夫婦や、一生独身のまま過ごす人、老後に再婚する人なども増える可能性が高く、ライフスタイルの多様化はさらに進むだろう。


さらにいえば、**人口減少社会では、従来型の社会保障制度を維持することは極めて困難**となる。日本の年金制度は賦課方式といって、現役世代の保険料で高齢者を支える仕組みとなっており、高齢者の割合が高い場合には、高齢者への給付を減らすか、現役世代からの徴収を増やさなければ制度を維持できない。

現役世代から過剰に徴収することは現実的に不可能なので、必然的に高齢者への給付を抑制することになる。

日本の公的年金は制度として破綻することはないが、実質的には機能しなくなる可能性が高い。その結果、多くの人は、**生涯労働を大前提に人生設計を組み立てる必要に迫られる**だろう。つまり一生涯、何らかの形で労働を続け、それでも足りない分についてのみ年金で補うという考え方である。

政府は大きな声では説明していないが、生涯労働を前提にした制度設計が着々と進められている。**定年まで勤め上げ、退職後は退職金と年金でリタイヤ生活を送る**

という価値観はおそらく完全に崩壊するだろう。

こうした動きは、株式投資など資産運用の世界も大きく変えるはずだ。

これまでは退職金というまとまったお金を手にした人が、老後の生活を考えて投資を始めるというパターンが多かった。しかし生涯労働が大前提ということになると、退職後から投資を始めるという考え方も成立しなくなる。

投資など資産運用についても、生涯労働に合わせて生涯運用という概念が定着してくるはずだ。つまり若い時も、中高年になっても、労働と投資を粛々と続けていくという考え方である。

一連の変化は、男性は会社で仕事、女性は家で家事、皆が同じオフィスで顔を突き合わせて仕事をこなし、残業も一斉に実施といった、従来社会を支配していた価値観の多くを崩壊させることになる。

こうした変化について、日本の伝統を破壊してしまうと考える人も多いが、筆者はそうは思わない。

こうした昭和型の価値観は実は日本の伝統ではない。

一連の価値観やライフスタイルは、戦後の高度成長期という、ごく短期間にのみ形成された特殊なカルチャーであって、歴史的に見れば、むしろ特殊な時代であったというのが正しい認識である。

戦前までの日本では、一部の特権階級を除けば、家族全員が働くのは当たり前だったし、終身雇用のサラリーマンという雇用形態も一般的ではなかった。下請け元請けという主従関係も存在せず、今でいうところの下請け企業は、条件が悪ければ、意外と簡単に取引先を変えていた。

年功序列、終身雇用、下請け元請けなど、現在の硬直的な企業社会システムのほとんどは、太平洋戦争中の国家総動員体制の中で強制的に作り上げられたものであり、その特殊な環境が戦後も継続したのが、今のニッポン株式会社である。

一連の価値観の変化は日本の伝統を破壊しているわけではないので、私たちの文化が失われるといった心配をする必要はまったくない。

むしろ変化に柔軟に対応するのが日本の伝統であり、時代のシフトに合わせてライフスタイルを変えていくことこそが、本来の伝統を守ることにつながるだろう。

「東京って広いんですね」!?
中途半端な一極集中の日本

人口減少がもたらすもうひとつのインパクトは、人の移動である。

人が減るということは、今の状態のままで数だけが減ることを意味していない。人間は経済活動を行って生活しているので、ある程度、人口が集約していないと経済活動そのものが成り立たない。つまり、人口が減っていくと、それに伴って人の移動が起こり、**都市部への人口集約**が進んでしまうのだ。

つまり人口が1割減ったからといって、すべてのエリアで人口が1割減るわけではなく、あるエリアはゼロになり、逆にあるエリアは増加することもある。この現象が早くから顕在化していたのが、いわゆる限界集落の問題ということになる。

今後は**地方から首都圏へ、地方の中では、周辺部から中核都市への人口の集中化が一気に進む**ことになるだろう。首都圏の中でも人口が増える地域と減少する地域の差は激しくなってくる可能性が高い。今後、経済圏として成立しなくなる地域が多数、出現することはほぼ確実であり、ビジネスや投資、人生設計においては、この点を十分に考慮に入れなければならない。

不動産の世界ではすでにこの傾向がかなり顕著となっている。

かつて極めて高いブランド力を持っていた東京郊外の戸建て住宅が価格破壊を起こしている。都心からの距離が遠かったり、駅から離れた物件は、どれだけ値段を下げても買い手がつかない状況である。

これまでの日本では、不動産の価値は土地の値段で決まると思われていたが、この概念はすでに消滅しかかっている。**不動産の価値を決めるのは、すべてが収益力であり、賃貸に回すなど、運用した時にいくら稼げるのかが基準**となる。

これからの時代において、稼ぐことができない不動産は、どのような種類のものであれ、無価値に転落する可能性が高い。特に地方都市の郊外などではその傾向が顕著となるだろう。

このような話をすると、地方を軽視するのかと、憤りを覚える方も多いかもしれない。筆者は典型的な地方である宮城県で生まれた。先祖は江戸時代以降、４００

年以上にわたって仙台に居を構えていた旧士族なので、地方にはかなりの思い入れがある。だが一方で現実は現実として受け入れる必要がある。**首都圏の富を再配分し、地方と首都圏を同じ基準で成長させるという従来型の政策はもはや成立しない。**同様に地方の中でも、都市部から周辺部に富を再配分することも難しくなっている。

意外に思うかもしれないが、日本は諸外国から見ると、都市部への機能集約が進んでおらず、社会全体の運営効率が低い。

以前、どこかのメディアで外国人が新幹線に乗って名古屋に着く頃、「東京って本当に広いのですね」と感想を漏らしたという話が紹介されたことがあった。

新幹線の車窓は、東京から神奈川、静岡と進んでも、延々と住宅や工場が続く。諸外国の多くは都市部を出ると、すぐに畑や森、砂漠など、人の気配が極端に減ってしまうので、それが当たり前だと思っている。その外国人は、名古屋に着くまで、東京が続いていると勘違いしてしまったわけだ。

途中、富士山なども見ているはずなので、この話はかなり誇張されたものと思われるが、重要なポイントを突いていることも事実である。つまり日本社会はもともと広範囲に分散しすぎておりムダが多いのだ。

実は東京都心の人口密度はパリやニューヨークの半分以下である。東京の人口密度が高いと説明されるのは、たいていが単純な行政区分間での比較や、他の都市を加えた経済圏レベルでの話である。実際、パリやニューヨークでは、都心のど真ん中に大勢の人が住んでいるが、東京都心部の夜間はまさにゴーストタウンだ。

経済が成長しているうちは、広域に分散した社会でも何とかなる。だが縮小経済ではこうした広域展開を維持する余力はなくなってしまう。

本来であれば、経済の成熟化に合わせて都市部への機能集約を進め、社会運営を効率化していく必要があった。日本人の通勤時間は世界でも突出した水準となっており、これが生活全般の生産性を著しく低下させているのだが、政策がうまく機能していれば、こうした長距離通勤の問題も徐々に改善されていたはずだった。

だが現実は、昭和型の社会システムを放置し、一気に人口減少社会を迎える結果となってしまった。ここで過去の無策を批判してもはじまらないので、この話は本書では取り上げないが、人口集約がもたらす影響が極めて大きく、そして不可避であることは理解しておいた方がよいだろう。この問題がすでに顕在化しているのが、次の項目で解説する地方銀行業界である。

地方銀行の現状は10年先の未来を予見している

このところ地方銀行が相次いで経営統合を発表している。

地方銀行は、その名前の通り、特定の地域を中心に活動する金融機関であり、地域から預金を集め、それを地域の企業や個人に貸し付けるビジネスを行っている。したがってその地域の人口が減少すると、預金も貸し付けも減ってしまうので、銀行の収益を直撃してしまう。

製造業はその地域の人たちだけに製品を提供しているわけではないので、すぐに影響が出るわけではないが、**金融機関は人口動態の影響をダイレクトに受ける。逆にいえば、地域金融機関の動向を見ていれば、人口減少の影響がどの程度、進んでいるのか理解できる**ということでもある。

現時点では高齢化に伴って人の移動が起こっているだけだが、それだけでも地域の金融機関にとっては影響が大きい。今後、人口減少が本格化した場合、経営が成り立たなくなる地銀が続出することはほぼ間違いない。経営統合はそうなる前に、規模のメリットを追求しておくための戦略ということになる。

先日、地域金融機関の行く末について、衝撃的なレポートがIMF（国際通貨基金）のブログサイトに掲載された。

日本の金融システム調査のために来日したIMFのエコノミストが、地方銀行の状況について調査を行い、「一部の地方銀行は今後、20年間で預貸率が現在から40％低下する可能性がある」と指摘したのだ。

預貸率とは、集めた預金のうち、何％が融資に回っているのかを示す指標のことである。

現在、地方銀行の預貸率はおおよそ70～75％程度となっており、すでに預金の3割を余らせた状態にある。だが、預貸率が、ここからさらに40％低下するということになると、最終的な預貸率は40％程度にまで落ち込む計算になる。

つまり、**一部の地域では融資先がなくなり、仮に預金を集めたとしても、その4割しか貸し付けできない**ことを意味している。これでは銀行そのものの経営が成り立たない。

すでにこうした事態は水面下で進んでいる。

地方銀行で収益率が断トツのトップとなっているのは、静岡県にあるスルガ銀行だが、同行はすでに法人向けの融資からはほとんど撤退している。

住宅ローンをはじめとする個人向け融資に特化し、融資先がないという問題はネットサービスの拡充など全国に対象を広げることでカバーしている。個人向けの融資ならネットが使えるので、地域に限定する必要がないのだ。

つまりスルガ銀行は、形式的には地方銀行だが、現実には全国を対象とした銀行に衣替えしており、これによって高収益を確保している。

徳島の阿波銀行も収益力のある地銀として有名だが、阿波銀行の特徴は関西圏や首都圏への積極展開である。

２０１７年3月期における同行の融資残高のうち、首都圏が占める割合は12%、関西圏が占める割合は21%に達した。首都圏や関西圏でメガバンクが取りこぼす中小企業の資金ニーズをうまく拾った可能性が高く、比率としては小さいものの、個人向け無担保ローンの拡大も収益に貢献している。

このほかにも、**収益率の高い地銀の多くが、首都圏や関西圏での融資を伸ばしているという**のが現実である。

比較的規模の大きい都市部に営業拠点を集約化させるか、ネットなどを使って全国の顧客を対象としなければ、地方銀行はビジネスとして成立しなくなっていることを、これらの事例は示している。

今後は、すべての業種において、同じことが起きてくるはずだ。これからの時代を生き抜くためには、人口の多いエリアに商圏を絞るか、日本全体、あるいはグローバル社会を顧客にする必要がある。

人口減少問題への対処は、影響が顕在化してからではすでに遅すぎる。本書は2025年以降の話をしているが、実はこの10年が勝負時なのである。

「ＡＩ（人工知能）」は救世主か悪魔か？

これまで、人口減少が日本社会に与える影響について解説してきた。人口減少の話をすると、完全にお先真っ暗というイメージになってしまい、何とも陰鬱な気分になってしまう。だが一方で、こうした状況を一気に打開できる可能性を持った画期的イノベーションも進行中だ。言うまでもなく、それはＡＩ（人工知能）である。

これまでも、ＩＴを使って人間の思考を代替しようという試みは、繰り返し行われてきた。１９８０年代にはエキスパート・システムと呼ばれるＡＩがブームとなり、一部のシステムは商用化された。少しニュアンスは異なるが、もっとも効率のよいビジネス・プロセス（仕事の進め方）をあらかじめ情報システムに組み込み、業務をシステムに合わせることで効率化を実現するＥＲＰ（統合業務パッケージ）も似たような考え方に立脚している。

だがこうした従来型ＡＩは、基本的なルールがあらかじめ決められており、開発者がそれに沿ってシステムを開発しているだけであった。システムは教えられたことしか実行できず、人の仕事を完全に代替することはできなかったのである。

だが、近年、開発が進んでいるＡＩは従来のエキスパート・システムとは考え方が異なっている。最大の違いは深層学習（ディープラーニング）と呼ばれる機能だろう。例えば碁や将棋でプロを負かすＡＩは、誰かに勝ち方を教えられたわけではなく、数多くの対局を見て学習し、自ら勝つ方法を編み出している。

現代のＡＩは自分で学習できるという点が画期的であり、そうであるがゆえに、社会を大きく変える可能性を秘めている。

新しいＡＩは、人間の仕事を見ながら、その中身を学習し、さらに効率がよくなる方法を自分自身で考えることができる。ＡＩが普及すると世の中の仕事の半分が消滅するなどと噂されているが、その理由は、現代のＡＩには高度な学習機能が備わっているからである。

もちろん現段階においては、ＡＩの学習方針は人間が決定しているので、主導権は人間側にある。どのような場面を見せて学習するのかという部分において、開発者の意向が強く反映されるからだ。

しかしＡＩがさらに社会に普及し、ＡＩが処理する仕事が複雑化してくると、学習方法そのものについてもＡＩが考えるようになるだろう。ここまでくると人間がコントロールできる範囲は限定的となり、人が行っている仕事の多くをＡＩが代替できるようになる。

一部の人は、自分が失業してしまうのではないかと考え、ＡＩの普及を警戒しているわけだが、先ほどから何度も説明しているように、日本は今後、**想像を絶する人手不足社会**を迎える。むしろ**ＡＩに積極的に仕事を代替してもらわないと、今の社会を維持するための労働力を確保できない。**

社会全体で見れば、日本にとってＡＩはまさに救世主であり、ＡＩを積極的に導入することこそが、人口減少の影響を最小限にとどめる最良の方法となるはずだ。

しかしながら、個人という視点では必ずしもそうとは限らない。

社会全体として人手が不足し、ＡＩがこれを補ってくれるにしても、多くの仕事が消滅するのは事実だからである。つまりＡＩで代替される仕事に従事していた労働者、あるいはＡＩで代替される製品やサービスを提供していた会社は、その仕事を継続することができなくなる。

個人なら転職、企業の場合は業態転換が必須となり、社会の構造は大きく変化するだろう。

戦後の日本社会は、安定成長と年功序列、終身雇用を謳歌してきた。しかし、人手不足の解消のためＡＩを積極導入すれば、いよいよこの制度は崩壊に向かう。その点ではＡＩは悪魔にもなり得る存在である。

日本全体として、ＡＩに背を向け、さらに貧しくなる道を選択するのか、それとも雇用の安定を犠牲にする代わりにＡＩを積極的に取り入れ、豊かな社会を作る道を選択するのか決断しなければならない。

だが**国家の選択とは関係なく世界のＡＩ化は進んでいく。**個人として豊かな生活を望むのであれば、ＡＩ社会の到来を前提に、すべてのライフプランを構築していく必要がある。

科学技術は身近なところから社会に浸透する

詳しくは後述するが、ＡＩが社会に普及すると、多くの業界でビジネス・モデルの根本的な転換が求められる。この変化に対応できた企業は生き残れるが、対応できなかった企業は市場からの退出を迫られる。

ビジネス・モデルが変わると、そこで働いている人に求められるスキルも変わる。**AIシフトが進めば、同じタイミングで人材シフトも発生**するだろう。企業の中でも、そして社会全体でも、ＡＩに代替される仕事に従事していた人は、人間でなければできない仕事へとシフトしていくことになる。

これからの時代は、人口減少とＡＩ化という大きな流れを見据えた上で、企業のビジネスや個人のキャリアについて考える必要がある。ここで勘違いしてはいけないのが、ＡＩ社会の具体的なイメージである。

日本では特にその傾向が強いのだが、ＡＩ社会というと、人型のロボットが普及して、多くの仕事を代替するようなイメージを持つ人が多い。

そこまで極端ではないにせよ、自動販売機や自動レジの普及など、無機質な機械社会を想像している人は少なくない。

だが現実のＡＩはそのような形では普及しないだろう。もっと見えない形で、**よく言えばスムーズに、悪く言えば狡猾にＡＩは社会に浸透していく**可能性が高い。

例えば日常的な営業の現場を考えてみよう。


理論的にはＡＩが人間と同じように会話することも可能なので、電話やメールは無機質なＡＩが応答するようになると想像する人も多いかもしれない。かなり先にはそうなっているかもしれないが、営業現場におけるＡＩの普及は、むしろ従来の営業管理システムの延長線上で進んでいく。

営業の進捗管理を目的に、営業管理システムを導入している企業は少なくないが、営業向けＡＩは、営業管理システムの機能の一部として機能することになる。

ＡＩ導入の第一段階では、ＡＩが営業チームの動きを学習し、営業チームの底上げを行う。営業管理システムに実装されたＡＩは、社内の営業マンの活動をつぶさに観察し、どのような頻度で顧客を訪問しているのか、どのような文面のメールを送っているのか、どの段階でどの資料を顧客に提出したのかといった事柄を分析していく。

学習を通じてＡＩは、営業マンがどう行動すれば、もっとも高い成績を上げられるのか体系化していき、それぞれの営業マンにアドバイスするようになるだろう。営業マンはシステムの画面を見るだけで、どの顧客にどのタイミングでアポを取り、どのような提案を行えばよいのか判断できるようになる。

職場の様子はパソコンに向かって作業をしたり、電話をかけたり、外出したりといった光景が繰り返されているだけであり、従来とは何も変わっていない。だが、ＡＩはシステム上で営業マンに的確にアドバイスをしているので、営業マンごとの成績の差は縮小しているはずだ。

それだけではデキる営業マンが損をしてしまうので、営業に対する評価基準も変わってくるだろう。

ＡＩ導入後には、個人の営業成績に加え、ＡＩの学習に対してどれだけ貢献できたのかが重要な評価基準となる可能性が高い。誰がＡＩの学習に貢献したのかは、

ＡＩ自身がよく理解しているので、営業マンの評定もＡＩ自身が行った方が合理的である。

当然のことながら、デキる営業マンの定義についても見直しが必要となる。

これまでは、生まれ持った才能によって高い営業成績を出していた人も、論理的に工夫を重ねることで成績を向上させた人も同じ評価であった。

だが、ＡＩ時代には、なぜ自分の営業成績がよいのかはっきりと自覚できていない天才肌の営業マンよりも、自身の成績について論理的に理解し、かつそのノウハウをＡＩに提供できる人の評価が高くなる。

ＡＩ導入後の営業現場は、見かけ上は何の変化も生じていないかもしれないが、仕事の進め方や評価の方法、デキる営業マンの定義など、何から何まで様変わりしている。もしかすると、根性型の営業マンはもはや過去の遺物となっているかもしれない。

ＡＩがもたらす質的な変化というのはこのようなことを指している。同様の現象が、あらゆる業種で発生すると考えた方がよい。

営業マンに残された、たった二つの道

営業現場へのＡＩ導入はこれでおしまいではない。

ＡＩによる状況分析が高度化してくると、次はいよいよＡＩによる業務の代替である。営業メールや提案資料、見積書の作成といった、**営業に関連する業務の一部はＡＩが直接担当**するようになるだろう。

これは営業に限った話ではないが、ビジネスにおける業務というものは、その業務になくてはならないコア業務と、事務手続きに代表されるような一般業務の２種類で構成されている。業務全体の中で一般業務の占める割合は意外と高く、場合によっては７割以上になることもある。

営業の場合、コアな業務というのは、顧客ニーズをうまく探り出し、適切なタイミングで商品の提案を行うといったあたりになるだろう。

コア業務と一般業務は互いに関連しているので、完全に分離することは難しい。コア業務で高い成績を上げられる人は、一般業務のレベルも高いことが多く、コア業務がずさんな人は、一般業務もやはりずさんである。だが営業という仕事の本質は、事務ではなく、あくまで顧客ニーズの把握や提案力にあることは言うまでもない。

一方、営業という仕事を一定のボリュームで成り立たせるためには、優秀な営業マンばかりではとても数が足りない。このため従来の職場では、営業マンとしてはそれほど優秀ではなくても、売上高を確保するため、とりあえず事務作業ができる人を一定数確保しておく必要があった。

ところが、営業に付随する多くの事務作業をＡＩが代替するようになると、営業に関するコアな部分で高い能力を発揮する少数の営業マンと、彼らをサポートするアシスタントがいれば営業チームは回ってしまう。

能力に差のある5人の営業マンを抱えるよりも、有能な2人の営業マンがＡＩを駆使して営業活動を行い、これを1人のアシスタントがサポートする方が、圧倒的に高い営業成績を残せるのだ。

この段階に入ると、**AIの導入によってチームの人数を削減する**という話が本格化してくる。

しばしば、AIの導入によって職業の半分が失われる、といった話を耳にする。だが、こうした試算の多くは、業務内容に対して機械の代替可能性を単純に適用したものに過ぎない。

現実には特定の人に業務が集中し、同じ業務に従事する社員の数が半分になると考えた方がよいだろう。要するにデキる人に仕事が集中するということなので、ある意味では職業の半分が消滅するよりも残酷かもしれない。

では、こうした本格的なAI時代の到来を前に営業マンはどのように対処すればよいのだろうか。

営業マンの中には、営業は人がやるものなので、AIによって仕事がなくなることはないと考える人もいる。その仮説は、ある程度までは正しいが、先にも述べたようにAIの導入はそこで従事する人の絶対数を減らしてしまう。仕事はなくならないにしても、社内での競争は厳しくならざるを得ないだろう。

このような状況において、今後も営業マンとして仕事を続けていくためには、二つの選択肢があると筆者は考えている。ひとつは**最後の最後まで優秀な営業マンとしてチームに残る**こと。もうひとつは、**新しい顧客の開拓ができる営業マンになる**ことである。

優秀な営業マンとしてチームに残るためには、ＡＩ時代にふさわしく、できるだけ論理で勝負できる営業マンになっておく必要がある。ＡＩを使いこなして営業成績を上げることに意味があるので、従来型の方法では評価対象にならないと考えた方がよい。

もうひとつは、ＡＩ導入によって生じる新規開拓へのニーズをチャンスとして捉えるという考え方である。

ＡＩの導入で営業チームの生産性が向上すれば、少ない人数で同じ売上高を確保できる。だが企業は、余剰となった人員をすぐに放出することはなく、おそらく何割かは新規開拓に回すだろう。

こうした新しい業務は、当面、ＡＩ化の対象にはならないので、常に多くの人材を必要とする。人でなければ担当できない分野に特化することで、ＡＩ時代においても仕事を継続できる。

人材採用のAI化はすでに始まっている

先ほどは営業マンの話を取り上げたが、こうした動きはあらゆる職場に波及することになる。人事や経理はもちろんのこと、開発や製造など技術系の分野でも基本的な流れは同じだろう。

２０１７年5月、ソフトバンクが採用活動にＡＩを活用すると発表して大きな話題となった。ソフトバンクのケースは、あくまでエントリーシートの足切りにＡＩを活用するという限定的なものだが、すでにグローバル企業では、採用のＡＩ化がかなりのレベルまで進んでいる。

日用品大手のユニリーバでは２０１６年以降、リクルーターなどを使った従来型の採用活動から、ＡＩによる採用へのシフトを進めており、新しい方法ですでに数百名の人材を採用したという。

ＡＩを使った採用活動は、採用広告を見た応募者がエントリーシートを企業に送付するところから始まる。

エントリーシートを読み込んだＡＩは、必要な条件に合致する応募者を自動で選抜し、この段階で約半数に絞る。ここを通過した応募者は、指定された12個のオンラインゲームに取り組み、集中力や記憶力などが判定される。

その後、ようやく面接となるが、この段階でも直接、顔を合わせたコミュニケーションにはならない。

与えられたテーマの回答を自撮りした動画で送信するという「デジタル面接」が待ち構えており、ここを突破すると、ようやく直接会っての面接となる。

ユニリーバの取り組みは、採用活動のかなりの部分までＡＩが支配しているように見える。だが、これも少し冷静になって考えれば、従来の採用プロセスと本質的な違いはないことがわかる。

従来の新卒採用においても、リクルートが開発したＳＰＩに代表される、いわゆる適性検査を課すところは多い。

ＳＰＩは、論理的思考を問うものと、数学的思考を問うものの2種類で構成されており、受験者の基礎能力の判定に用いられている。

ユニリーバの取り組みも基本的にはこうした方法と大差はない。大きく違っているのは、会場に受験生が集まり、一斉に試験を受けるのか、一連のプロセスがシステム上で完結しているのかという点だけである。

つまり**AI化という流れは、その業務の本質が何なのかということをはっきりさせている**に過ぎない。

採用活動に多くの手間がかかり、人手を必要としたのは、採用活動に付随する一般事務作業が多かったからである。AIが導入されれば、多くが機械で代替されるので担当者は採用業務に集中できる。結果として人事に必要な人員は減少する。

これは先ほどの営業マンの話とまったく同じである。**営業の現場にAIが導入されると、営業の本質とは何なのかということがはっきりしてくる。**人は営業活動に関する本質的な部分だけに集中すればよいので、同じ売上高を得るために必要なチームの規模は小さくなってしまう。

この話はあらゆる業種において共通のものであり、しかも極めて重要な概念なのでよく理解しておいて欲しい。

ＡＩ時代以前は、デザインの業務を行うにも、医療業務を行うにも、情報システムを構築するにも、多くの人員を必要とした。本業以外の付帯業務の割合が高かったからである。

だがＡＩ時代には、医師は医師としての本質的な業務に特化すればよく、デザイナーもデザインという本質に特化すればよい。図案を描く作業は機械に任せ、デザインの核心部分を発案できればよいのだ。

医療についても、ＡＩがあれば問診業務や検査業務の多くを代行できるので、医師は治療というもっとも大事な部分に特化できる。

システム・エンジニア（ＳＥ）も同様である。設計やプログラミングの作業そのものはかなりの部分が機械で代行できるので、ＳＥはシステムの提案や顧客ニーズの実装という付加価値の高い部分に集中することになる。

結果として、単純作業が得意なデザイナー、医師、ＳＥは必要なくなり、**多くの労働者が人間にしかできない高付加価値な仕事へのシフトを迫られる。**これがＡＩ社会の本質ということになる。

伝統的な日本旅館が外国人にウケていない理由

社会のＡＩ化が進むと、これまで見えていなかった物事の本質が見えてくる。何となくという理由で存在できた製品やサービス、組織というものが、次々と存在意義を問われてしまう。しかもこうした影響はＡＩとは無関係と思われていた業界にまで及ぶ。

その片鱗はすでにあちこちで観察することができる。

近年、日本はインバウンド・ブームで外国人観光客が数多く来日している。しかし外国人観光客の増加ですべての事業者が潤っているのかというとそうではない。恩恵を受ける業種と受けない業種がはっきり分かれているのだ。

訪日外国人客数は毎年過去最高を更新している状況だが、日本旅館の稼働率はあまり上昇していない。

宿泊旅行統計調査によると、2016年におけるシティホテルやビジネスホテルの稼働率は70％台後半だったが、旅館は37・1％とかなり低迷している。

観光庁は、**旅館の稼働率が低い原因は、食事と宿泊をセットにした料金体系**にあると考えており、旅館業界に対して食事料金と部屋料金を別立てにする、いわゆる「泊食分離」を促していく方針だという。

確かに直接的な原因は料金体系にあるのかもしれないが、問題の本質はそこではない。**日本の旅館が、社会のAI化にあらゆる面で対応できていないことが最大の原因**であり、食事の問題はその一部に過ぎない。

もちろん現時点において、AIが社会に完全に普及しているわけではないが、足元ではAI化社会に向けたパラダイムシフトが始まっている。実は旅行業界はその代表的な例といってよいのだ。

インターネットの普及に伴い、予約サイトを使って全世界の宿泊施設を検索・予約するというのはごく当たり前の光景となった。日本ではそれほどの知名度はないが、諸外国ではこうしたネット予約サイトで海外旅行の宿泊を手配するケースが圧倒的に多い。

この動きに拍車をかけているのが、民泊サイトとして一躍有名になったＡｉｒｂｎｂ（エアビーアンドビー）である。積極的に海外旅行に行く層というのは、ある程度のＩＴスキルを持っているので、かなりの割合の旅行者が予約サイトか民泊サイトを使って予約してくる。

こうした予約サイトを使わない場合でも、とりあえず予約サイトやエアビーでどんな施設があるのかチェックするというのはもはや常識となっている。こうした動きは社会のＡＩ化の前段階と解釈することが可能だ。

すると、どのような現象が起こるだろうか。

全世界の宿泊施設がサイト上で情報を提供するようになると、必然的にサービスの水準や内容が似たようなものになってくるのだ。

米国のシティホテルであっても、台湾の民宿であっても、アフリカのリゾートホテルであっても、だいたい似たようなサービス内容に収束してくる。一般的なホテルのサービスというのがおおよそのスタンダードであり、違っているのは価格とサービスのグレードだけである。

プライバシーを確保できる個室があり、部屋にはベッドが設置され、料金体系は原則として食事を含まないというパターンが標準的だ。それなりの施設であれば、軽食を食べられるラウンジとお酒を飲めるバー、そしてルーム・サービスがある。

この基準を考えた時、日本旅館の多くはここから外れてしまう。よほど日本式の旅館が好きでなければ、わざわざ選択しない可能性が高いだろう。

これは私たち自身が外国に旅行する時のことを考えればわかりやすいはずだ。

アフリカに旅行に行くと仮定した場合、現地式の部屋しかなく（日本旅館でいえば畳に相当）、食事も現地のものが毎日決まった時間にしか提供されず、寝具も現地方式（日本旅館でいえば布団）という宿泊施設があったとしよう。

同じエリアに普通のホテル形式の宿泊施設も存在する場合、わざわざその宿泊施設を予約するだろうか。

現在の日本旅館のサービスは日本の伝統でも何でもなく、多くは、昭和の時代に盛んだった国内団体旅行という特殊な客層にフォーカスしたものに過ぎない。

社会のＡＩ化によって、世界標準のサービスが確立しつつある中、特定の顧客層だけに特化した施設が選択されないのは当然の結果なのである。これは決して文化の問題などではなく、宿泊サービスの本質に関わる話である。

私たちはアマゾン無人コンビニの革新性を誤解している

先ほどの旅館の例からもわかるように、社会のＡＩ化というものは、人々のライフスタイルや価値観に大きな変化をもたらす。新しい時代に対応していくためには、単にＡＩの技術を勉強すればよいという話ではないのだ。

ＡＩ化社会においては、個人のニーズをシステムが先読みし、それに合った商品やサービスを能動的に提供することは、それほど難しいことではなくなる。すでにアマゾンなど先端的なＩＴ企業では、ＡＩが購買履歴を分析し、お勧めの商品を提案するというのは当たり前の手法となった。

こうした動きが全業種に波及するということになると、ネットではなく、リアルの小売店ビジネスでも根本的に考え方をあらためる必要が出てくるだろう。

２０１６年、米アマゾンが試験的にスタートした無人コンビニが大きな話題になった。まだテスト段階なので、本格的な普及が可能なのかは不明だが、この試みはＡＩ社会における小売店のひとつの方向性を示している。

日本ではアマゾンの無人コンビニについて、レジを自動化したものと勘違いしている人が多く、それを前提に「無機質だ」「万引きに対応できない」といった批判の声が出ている（万引きされて困るのはアマゾンなのに、なぜ同社を批判するのかはよくわからない）。

だがこの認識は根本的に間違っていると言わざるを得ない。アマゾンの無人コンビニはレジが無人なのではなく、レジという概念そのものが存在していないのである。両者は似ているように見えるが、本質的にまったく異なる業態である。

小売店というのは、あらかじめ店頭に商品を並べ、不特定多数の顧客が来店するのを待つという受動的なビジネスである。

どのような客が来店するのか、あらかじめ知ることはできないので、地域の特性などから標準的な顧客層を推定し、これに合致した商品を選択していく。この部分が小売店における腕の見せ所であった。

ところがアマゾンの無人コンビニは、最初からアマゾンの会員が来店することを大前提にしている。アマゾンの会員になっていて、スマホにアプリを入れていないと、そもそも入店のゲートを通ることができない。

店内では、カメラが顧客の動きを観察し、ＡＩがこれを分析することで顧客が商品を手に取ったことを認識する。商品を持ってそのまま店を出れば、アマゾンのアカウントで自動的に課金されるので、レジで精算するという概念は存在しない。

商品を店舗に陳列するという部分においては、従来の小売店と同じだが、ビジネスの中身はまったく違う。

アマゾン側は、誰が来店するのかが最初からわかっており、その顧客はどのような商品を欲しがっているのかについてもすでに理解している。近い将来、「そろそろシャンプーが切れる頃なので、今日の帰りにアマゾンコンビニで買った方がよいですよ」とアプリが話しかけてくれるようになるだろう。

つまり**無人コンビニは個人のニーズを先取りして商品を勧めていくネット通販の延長線上に存在する**ものであり、不特定多数を相手にした従来の小売店ではないのだ。一方、単純にレジを無人化しただけでは、従来の小売店と本質的には何も変わらない。ＡＩ化時代に対応するというのは、そのような意味ではないことについて理解しておく必要がある。

もちろん日本においても、価値観の転換を図る企業はたくさんある。ファミリーマートとドン・キホーテはその代表といってよいだろう。

ファミリーマートは２０１７年６月、ＩＴ企業のＬＩＮＥと提携。今後は、ＬＩＮＥのＡＩを使って顧客に対する能動的なアプローチを行っていく方針を明らかにした。ＬＩＮＥの会員向けにＡＩがお勧め商品を紹介し、コンビニでの購入を促していくようなサービスが想定される。

同時にファミリーマートはディスカウントストアのドン・キホーテとも資本提携している。ドン・キホーテもＡＩを活用した次世代型店舗を展開する方針を打ち出しており、小売店というものに対する考え方を根本的にシフトさせようとしている。

こうした能動的なサービスが当たり前となれば、20年後のライフスタイルは今からは想像もつかない形に変化しているだろう。

だが、その時代にうまく対応していくためには、今の段階から価値観の転換を進めていく必要がある。多くの人が変化の大きさを認識した時点において、すでに勝負は決まっている可能性が高い。

外食する人が激減する？

社会のＡＩ化や人口減少は、人々のライフスタイルを想像もしなかったような形に変える可能性がある。

先ほど紹介した無人コンビニが当たり前になった社会では、買い物に対する認識は今とはかなり違っているはずだ。20年後、30年後には、無人コンビニを見て育った子供が成人になる。今でいうところのデジタル・ネイティブ世代と同じような価値観のシフトが発生すると考えた方がよいだろう。

ＡＩ化社会における人々のライフスタイルの詳細について予想することは困難だが、現在の動きからある程度の推測は可能である。

小売店の概念が大きく変わるのであれば、当然のことながら、飲食店の位置付けも大きく変わる可能性が高い。具体的に言えば、**来店型からデリバリー（宅配）型**

へのシフトである。

アマゾンなどネット通販の普及によって、利用者は従来とは比較にならない品目の中から、自分の好みの商品を選べるようになった。能動的に選択しなくても、通販事業者がＡＩを使って自分に合った商品を勧めてくれる。

こうした商習慣の変化は、確実に人々のマインドを変化させる。

ロングテール（販売頻度が少ない商品でも、商品点数を大幅に増やすことで、全体の売上げを拡大できるというビジネス概念）が当たり前となり、好きな時に好きなものを調達できるということになると、画一的な商品やサービスはよほど価格が安くないと魅力を失ってしまう。

これに加えて、スマホの普及が人々の時間の使い方を大きく変えつつある。**スマホがあれば、たいていの用事を隙間時間に済ませられる。**そうなってくると、多くの人は、できるだけ自分のペースで物事を進め、持っている時間を最大限活用しようと考えるはずだ。

米国の職場は日本と比較すると、もともと個人ベースで物事が進む傾向が強いのだが、スマホの普及がさらに拍車をかけている状況だ。

その結果、米国ではランチに出かける人の数が減少しており、ウーバーイーツなどで自分の好みのデリバリーを頼む人が増加している。店舗の場合には、会社の近くに限定されてしまうが、デリバリーなら選択肢が増える。自分のペースでお昼を食べることができ、好きなメニューを選べるということなら、こちらを選択する人が多くなるのは当然の結果かもしれない。

こうした動きを受けて、米マクドナルドや米ウェンディーズなど外食産業各社は急ピッチでデリバリーへのシフトを進めている状況だ。

一連の変化は私生活にも及ぶ。気の合う仲間で家に集まり、ネットで映画などを見ながらデリバリーを注文するという楽しみ方が増え、レストランやバーなどの売上げが低迷している。

この動きは日本にも波及する可能性が高い。

すでに都心部ではウーバーイーツや楽びん（楽天のデリバリーサービス）を使う人はかなりの数に上っている。こうした状況を受けて、牛丼チェーンの吉野家は、出前サイトである出前館と提携し、牛丼のデリバリーを開始した。同じタイミングでＬＩＮＥは飲食店の出前メニューを注文できる新サービス「ＬＩＮＥデリマ」をスタートさせている。LINEも出前館と提携しており、各社の宅配メニューをLINE上のアプリ上で注文できるようになっている。

近い将来、LINEのAIに「週末パーティをするので、デリバリーを頼んでおいて」と話しかけると、AIが最適なデリバリーを注文してくれるようになるだろう。誰が参加するのかも伝えておけば、AIは各人の好みを考慮した上でメニューを選んでくれるはずだ。

そうなってくると外食産業は、根本的に自らのサービスについて考え直さなければならない。

飲食店は、有意義な「場」を提供する高付加価値型のサービスになるか、徹底的に安値を追求するかの二者択一を迫られるだろう。中途半端な立ち位置の飲食店は厳しい立場に追い込まれる可能性が高い。

とりあえず**よい立地に店を構えていれば、一定の来客が見込めるという概念は消滅**する。立地にはこだわらず、デリバリーとの併用で利益を確保するなど、新しい形態の店舗運営を模索しなければ、外食チェーンも生き残れないだろう。

とうとうキャッシュレス社会に移行する日本

一連の変化は、現金主義を貫き、ガラパゴスと揶揄《やゆ》されてきた日本の決済環境も大きく変えることになるだろう。現金の利用が減ることになれば、ビジネスを取り巻く環境もさらに変わってくるはずだ。

日本人は日常的に多くの現金を使っているが、これは、かなり特殊な環境といってよい。

2016年末における日本国内の紙幣と硬貨の流通総額は約100兆円となっており、この金額は日本のGDP（国内総生産）の2割近くに達する。米国や欧州では7~10%程度の水準が標準的で、現金はあまり流通していない。

しかも米ドルとユーロを現金で持っているのは、資産を保全したいと考える外国人であることが多く、自国民はほとんど現金を保有していない。こうした状況を総合的に考えると、やはり日本人の現金主義は突出している。

これまで**現金決済の比率というのは、市場の成熟度に反比例すると考えられてきた**。もっとも先端的な決済インフラを導入している北欧では、ほぼ完璧なキャッシュレス社会となっており、現金で買い物をするのは現実的に難しくなっている。一方、ロシアやスペインなど成熟度が低いと考えられてきた地域では、いまだに現金決済の比率が高い。

ところがＩＴサービスの急速な普及によってこの図式が崩れつつある。**従来型の決済システムがほとんど普及していなかった中国においてキャッシュレス化が猛烈な勢いで進んでいるから**だ。

中国ではアリババなどのＩＴ企業が相次いで安価な決済サービスを導入しており、これによって社会のキャッシュレス化が一気に進んだ。中国の決済サービスは、ＱＲコードを使った簡便なものであり、これが普及を後押ししている。

利用者がアプリを立ち上げて表示したＱＲコードを店舗側が読み込めば決済が完了する（一部その逆の方法もある）。クレジットカードや既存の電子マネーとは異なり、端末を設置する店側の負担も最小限で済む。

レストランなど店舗での支払いはもちろんのこと、現金のやり取りが当たり前と思われていた屋台にも一気に電子決済が広がり、あげくの果てには物乞いの人までQRコードを差し出すまでになった。すでに中国の都市部では現金で買い物をすることが難しくなっている。

中国の事例は、スマホをベースにした決済サービスというのは、従来の決済サービスとは本質的に異なる存在であることを物語っている。

クレジットカードや既存の電子マネーは、多額のコストと手間をかけて各店舗に端末を設置する必要があるため、社会的インフラがある程度整備された国でなければ、普及させることは難しかった。だがスマホをベースにした新しい決済インフラはこうした障壁をいとも簡単に乗り越えてしまう。

老若男女を問わず、ほとんどの日本人が所有するようになったスマホをベースに決済サービスが展開されることになれば、現金主義だった日本人の感覚も大きく変わるかもしれない。

社会がキャッシュレス化すると、商習慣も激変する。

筆者は、よく近所の焼き鳥屋から弁当を買うのだが、そこでは弁当の種類によって、650円、630円、670円といったバラバラの価格が設定されている。しかも弁当は店内ではなく店外に置いているのでレジがない。このため、店員さんは、お釣りの計算や支払いにいつもドタバタしている。

店舗でも現金が必要なので、店主は毎日、銀行に行き、棒金（コインを棒状に束ねたもの）を調達し、お釣りの支払いに備えているはずだ。

500円均一や700円均一にすればよいという話はさておき、スマホ決済が普及すれば、こうした作業は一切必要なくなる。**中小零細企業にとって現金を扱わないことによる生産性の向上効果は計り知れない**。

キャッシュレスが当たり前となれば、いつでも、そしてどこでも確実に決済できるので、ビジネスに対する考え方も変わってくる。

ユニークな指摘では衛生面の効果も絶大だといわれている。紙幣は身の回りにある品物の中では最も汚い部類に入る（便器なみともいわれる）。現金がなくなるとパンデミック（感染症の大流行）対策が容易になるという。

商業銀行という業態が消滅する可能性

決済の電子化の先にやってくるのは、融資といった金融サービスの他業種への解放だろう。これまで、金融サービスというのは銀行など金融機関が提供するものだったが、社会のＡＩ化はこの常識も覆そうとしている。

日本では現金決済が多いことに加え、企業間取引の世界では、請求書をベースにした銀行振り込みによる後払いという商習慣が定着している。しかしながら、このやり方もあまり効率のよいものではない。

本来、製品やサービスを提供する側は、できるだけ早くお金が欲しいはずである。また製品やサービスを買った顧客が本当にお金を払ってくれるのか確証はない。

そうであるならば、小切手を受け取ったり、カード決済を確認してから商品を出荷する方が圧倒的に安全で合理的なはずだ。実際、諸外国ではそうなっている。

ところが日本では、支払ってくれる保証がないにもかかわらず、ほとんどすべての取引をツケ払いにしている。しかも代金を振り込むため、社員が銀行のATMにわざわざ通っている（銀行の法人向けネットサービスは貧弱で手数料が高いところも多い）。月末ともなるとATMの前は長蛇の列だ。

しかも、ツケ払いにすると、製品やサービスを売ってから入金までの時間が長くなり、その間のキャッシュが不足する。このため多くの企業が、銀行に高い金利を払って運転資金を借り入れている。大企業の場合には、取引先を審査するため膨大なコストを払っているはずだ。

一連の手間やコストはすべて、銀行振り込みによるツケ払い（請求書ベースの翌月、翌々月払い）の商習慣に由来している。この手間やコストがなければ、企業活動にはもっとゆとりが出てくるだろう。

習慣とは恐ろしいもので、非効率であっても、ひとたび確立してしまうと、それが長期にわたって継続することになる。

だがＩＴをベースにしたシンプルな金融・決済システムが普及すれば、この商習慣も崩れる可能性が出てくる。もしそうなった場合、銀行のビジネスは大きな転換を迫られるだろう。場合によっては**商業銀行そのものが消滅することも視野**に入れておく必要がある。

その片鱗はすでにIT企業が取り組む新サービスの中に垣間見ることができる。

リクルートは中小企業に対してネット上で融資を行う新しいサービスを2017年8月からスタートしている。

同社は宿泊予約サイト「じゃらんネット」を運営しているが、融資サービスの対象となるのは、このサイトに登録している旅館など、中小の宿泊事業者である。当初は一部企業に限定のサービスだが、段階的に融資対象を拡大していくという。

個人向け融資の世界にも新しい動きが見られる。クラウドファンディング事業を手がける株式会社キャンプファイヤーは、クラウドファンディングと組み合わせた新しい融資サービスを開始した。

当初は、同社が運営するクラウドファンディングを活用して資金調達に成功した企業を対象としていたが、すでに個人にも拡大している。

こうした資金提供は、従来なら銀行などの金融機関が一手に引き受けてきた。だが、金融機関は事業者における日々の細かい資金の出入りを完全にモニターできているわけではない。リクルートの融資先である旅館のようなケースでも同じである。旅館の場合、急に団体客が入った場合など、食材が足りず、近隣のお店から現金で買い集めるといった措置が必要になることもある。銀行の枠組みでは、こうした短期的な資金ニーズに対応することは困難だった。

リクルートでは、予約サイトのデータを駆使することで、こうした資金ニーズについて把握し、合理的に融資の可否を判断するとしている。

キャンプファイヤーの融資も従来とは考え方が異なっている。同社ではクラウドファンディングの仕組みを通じて、その企業や人が、社会からどれだけ支援されているのかを数値化し、与信に応用していくという。

ネット上での履歴はある意味で宝の山であり、やり方によっては既存の金融機関が持つ与信判断の枠組みを超えるシステムを作り上げることも不可能ではない。決済が電子化され、その履歴がビッグデータとして活用されれば、さらに精度は向上するだろう。

ビットコイン価格はどの程度が妥当なのか？

金融分野における最大のイノベーションといえば、やはりビットコインに代表される仮想通貨ということになるだろう。

２０１７年の年末から２０１８年の年初にかけてビットコイン価格が大幅に下落したことや、国内の取引所が大規模なハッキングの被害に遭ったことなどから、仮想通貨をめぐる議論が白熱化している。

筆者は仮想通貨について、様々な問題を抱えているものの、高いビジネス・ポテンシャルがあると考えている。確かに現時点における価格は乱高下しており、相場は過熱している。一部の識者はこうした状況について「バブルである」と激しく批判しているが、筆者に言わせればこうした論争はナンセンスである。

バブルというのは、その商品が持っている理論的な価値を大幅に超えて取引が行われる状態のことを指している。だが仮想通貨が、最終的にどのような形で利用されるのかわかっていない以上、仮想通貨の本質的な価値がいくらなのかについても断定することはできない。

しかしながら「わからない」と言ってしまってはそれまでなので、少し頭を働かせ、ビットコインの適性価値について理論的に考えてみたい。

世の中では政府が管理しなければ通貨とは呼べないと思っている人も多いが、必ずしもそうとは言えない。通貨というものは本来、国家の管理がなくても流通するものである。だが、ビットコインのような無国籍通貨が、ドルや日本円などの法定通貨に近い存在になるのかというとそれはまた別問題だ。仮想通貨が本格的に普及することになっても、あくまでマイナーな通貨であり続ける可能性が高いだろう。

ではマイナーな通貨としてのビットコインの利用価値はどこにあるのだろうか。おそらくは、**国際的な決済手段として用いられるか、危機が発生した際の資産逃避手段**のどちらか、あるいはその両方ということになるだろう。

日本でもビックカメラなど、ビットコイン決済に対応した小売店が出てきており、中国人観光客の中には買い物をビットコインで済ませる人もいる。また海外から母国に仕送りする人にとってもビットコインは魅力的だ。

中国人がビットコインを好んで使う理由は、中国の政治体制とも深く関係している。一部の中国人は、自国制度を信用しておらず、チャンスがあれば資産を海外に逃がそうとしている。こうした人たちにとって、資金の逃避先としてビットコインは最適である。キプロスが金融危機を起こした時や、ベネズエラが経済危機に陥った際にも、ビットコインに資産を移すという現象が見られた。今後も非常時における資金の逃避先として一定のニーズを保ち続ける可能性が高い。

もしそうだとすると、**全世界のマネーの0・1%程度というレベルであれば、仮想通貨が存在する余地がある**と考えるのは、それほど非現実的なことではないだろう（数%を超えてくると、犯罪資金の洗浄や隠匿、既存の金融システムとの整合性といった問題が生じる可能性が高い）。

世界における全金融資産の0・1%程度が仮想通貨に置き換わる可能性があり、そうした状態を市場が織り込んでいるのだと仮定しよう。

現時点における世界の金融資産の総額は約2京円だが、この0・1%が仮想通貨に置き換わった場合、仮想通貨の時価総額は約20兆円となる。1%なら200兆円である。ちなみに2017年1月時点におけるビットコインの時価総額は約20兆円、イーサリアムは10兆円なので、0・1%と仮定するならすでに割高である。だが1%まで拡大するとみるなら、まだ上昇余地があるとの解釈になる。

0・1%の場合、日本の金融資産総額や世帯数から考えると、1世帯あたり3万円ちょっとの保有額となる。この数字を多いと考えるのか、少ないと考えるのかは、人それぞれだろう。

わたしたちは予言者ではないので、この数字の是非について感情的に議論してもあまり意味はない。これはひとつの見立てであり、こうした無数の見立てが集約された結果として市場価格が形成される。重要なことは、多くの人が、自身の頭で考えることである（集合知）。

筆者は、国際的な決済手段や資産保全手段としての利用を想定してこの推測を行ったが、仮想通貨には、別の用途も急浮上している。それは**ＩＣＯ（イニシャル・コイン・オファーリング）と呼ばれる資金調達**である。

いろいろと問題のある手法だが、ＩＣＯには大きなポテンシャルがあり、場合によっては、仮想通貨経済圏をさらに拡大させる可能性がある。

新たな市場「仮想通貨経済圏」とベンチャー企業

このところICO（イニシャル・コイン・オファーリング）という言葉を耳にする機会が増えている。ICOとは仮想通貨を用いた資金調達手法である。

一般に**企業が株式市場で資金調達を開始する場合には、IPO（イニシャル・パブリック・オファーリング）が行われる。**企業が新規に株式を発行し、これを引き受けた投資家が企業に資金を払い込む。その会社が成功して株価が上昇すれば、投資家は利益が得られるという仕組みだが、**ICOも基本的にはこれと同じ**である。

新しいプロジェクトを立ち上げる企業や個人が、「トークン」と呼ばれるデジタル上の権利証を発行し、これを引き受けた投資家がビットコインなどの仮想通貨を払い込む。

トークンにはサービスを利用する権利や事業の収益の一部を受け取る権利などが

付与されているので、そのプロジェクトが成功すれば、多くの人がトークンを欲しがるようになる。さらにメジャーになれば、仮想通貨の取引所で売買されるようになり、投資家はこれを売却して利益を得ることができる。

会社の株式は会社の所有権や議決権を定めたものなので、法的に見ればトークンとは異なる。だが、**期待収益から一定の価格が形成され、それが市場で売買されるという点では、ベンチャー企業が発行する株式と似たような役割**を果たす。

ＩＣＯと聞くと、通貨が乱発されているようなイメージを持つかもしれないが、現実にはベンチャー企業が発行する優先株に近い。つまりビットコインという基軸通貨をベースに、無数のベンチャー企業が資金調達を実施するような世界をイメージすればよいだろう。

株式を発行したり証券取引所に上場するとなると、商法や証券取引法の厳しい規制を受けるため、かなりの手間やコストがかかる。トークンにはこうした制約がないため、より簡単に資金調達が可能となる。すでに**世界中で１０００種類を超えるトークンが発行されている**状況だ。

ＩＣＯを実施する企業はまさに玉石混交であり、中には明らかに詐欺と思われるものもある。リスクが非常に高いので、こうしたスタートアップへの投資は、一般的な投資家が取り組むべき対象とはいえない。

しかしながら、こうしたマイナス面があったとしても、ＩＣＯのマーケットはそれなりの規模に拡大するのではないかと筆者は考えている。その理由は、ベンチャービジネスの質的な変化である。

スマホ以前の時代であれば、ネット系のベンチャー企業であっても、オフィスを構え、多数の社員を雇用した上で製品やサービスの開発を行ってきた。必要な資金も億単位が標準であり、そうであればこそ、こうしたベンチャー企業に投資する機関投資家（ベンチャー・キャピタル＝ＶＣと呼ばれる）が存在していた。

だがスマホ時代を迎え、ちょっとしたアイデアとプログラミング技術があれば、バーチャルな空間であっという間に新しいサービスを開発できるようになった。**スタートアップに必要な資金は１０００万円単位**でよく、こうしたプチ・ベンチャービジネスが世界中で無数に立ち上がっている。

規模の小さいベンチャービジネスに対して、ＶＣをはじめとする機関投資家のファンドは規模が大きすぎる。これに対して、ネット上でプロジェクトを宣伝し、賛同した個人投資家から少額の資金を調達するという**ＩＣＯの手法は、スマホ時代の**

ビジネスと相性がよい。詐欺を含め、様々なトラブルが発生しつつも、この市場に対するニーズは増えていく可能性が高い。

もしICOが、ベンチャー企業における資金調達手法のひとつとして確立し、その中から、第2のウーバーやメルカリといった有望企業が生まれてきた場合、どのようなことが起きるだろうか。

この話はドルという通貨をベースにウーバーという会社が資金調達を行い、同社の株式が10兆円近い評価を受けたことと同じ文脈で考えればよい。

あるベンチャー企業がビットコインをベースに資金調達を行い、同社が発行したトークンが高い評価を得たと仮定しよう。その企業が持つ価値は、最終的に資金調達の土台となったビットコインの価値や信頼性を押し上げることになるだろう。

もしこうしたサイクルが回り始めると、**ビットコインを基軸通貨とした新しい経済圏が出没する可能性**も見えてくるのだ。既存の金融システムからみればあくまでニッチな存在だが、社会に与える影響は決して無視できないものとなるだろう。

第2章

日本の主要産業はどうなる？

自動車

電気自動車と自動運転システムが業界の構造を変える
サービス事業者としての可能性も

ポスト2025年の時代、今でいうところの自動車産業は消滅している可能性が高い。それほど自動車産業の変化は激しいものとなるだろう。日本のGDPに占める自動車産業の比率は高く、経済全体への影響も計り知れない。

自動車産業が直面している変化は、垂直統合モデルから水平統合モデルへのシフトである。カギとなるのは、電気自動車（EV）と自動運転システムであることは言うまでもない。

水平統合モデルがもたらす衝撃

自動車の動力源が、ガソリン・エンジンを中心とした従来型の内燃機関から、環境に優しい新しいエンジンにシフトすることについては、以前から社会的コンセンサスが確立していた。

もともと自動車が誕生した時点ではEVが主流だったが、当時は性能のよいバッテリーがなく長距離運転ができないという弱点があった。このため、いったんは、ガソリン・エンジンが自動車の主な動力源として普及したという経緯がある。

だが、一般的な自動車の走行パターン（加速減速を短い頻度で繰り返す）というのは、実は内燃機関の工学的特性とは相性が悪い。

本書は技術の専門書ではないので詳細は割愛するが、回転数の上昇に対して山型のトルク（回転力のこと）特性を持つガソリン・エンジンは自動車の走行にはあまり適しておらず、むしろモーターの方が相性がよいのだ。ガソリン・エンジンはこの欠点を補うため、トランスミッション（変速機）という重い部品を搭載しなければならず、エネルギー効率が悪くなるという欠点を抱えていた。

つまり良質な電源さえあれば、ガソリン・エンジンは容易にモーター駆動にシフトする可能性が最初から存在していたのである。

一方、モーター駆動へのシフトを促す電源については様々な議論があり、なかなかひとつにまとまらなかった。

自動車メーカー各社は当初、バッテリーで駆動するEVと、水素を用いるFCV

（燃料電池車）の二本立ての戦略を立てていたが、構造が簡単で社会的インフラ整備が簡便なＥＶの方が徐々に有力となってきた。

技術的には徐々にＥＶに傾き始めたという状況だったが、この動きを一気に加速させたのが国際政治の力学である。２０１７年に欧州と中国が相次いでガソリン・エンジンの廃止とＥＶシフトを打ち出したからである。

２０１７年7月、２カ月前に政権交代を実現したばかりの仏マクロン政権は、２０４０年までにガソリン車の販売を禁止する方針を明らかにした。これに続いて英国政府も２０４０年までのガソリン車廃止を表明したことで、政治的なＥＶシフトが一気に進み始めた。

自動車メーカー各社は、こうした状況から一気にＥＶ化に傾いており、予想よりも早くＥＶが普及する可能性が高まっている。

もしＥＶシフトが現実のものとなった場合、自動車産業の構造は根本的な変化を余儀なくされる。その理由は、ガソリン・エンジンと比較した場合、ＥＶを製造する技術的・社会的難易度が著しく低いからである。

ガソリン・エンジンを使った一般的な乗用車は約3万点の部品で構成されている

が、その大半はガソリン・エンジンもしくはその特性に由来したものである。ＥＶの場合には、吸排気系、冷却系、駆動系の多くが不要となるため、部品点数が大幅に減少する。

もしＥＶの量産が進めば部品点数は1万点以下にまで減る可能性が高く、自動車の生産コストは劇的に安くなる。

またＥＶに必要な部品の多くはモジュール化できるものなので、各社が個別に開発する必要がなくなってくる。最終的にはモーターを製造するメーカーやバッテリーを製造するメーカーは数社に絞られてくるだろう。

その結果、自動車産業は部品メーカーを自社グループに抱え込む垂直統合モデルではなく、各社が同じ部品を共有する水平統合モデルにシフトすることになる。

水平統合のモデルを代表する産業はパソコンだが、パソコンはどのメーカーの製品であっても、ＣＰＵはインテル製、ハードディスクドライブ（ＨＤＤ）はウェスタンデジタルもしくはシーゲート・テクノロジー製、基本ソフト（ＯＳ）はマイクロソフト製となっている（Ｗｉｎｄｏｗｓの場合）。

自動車産業が水平産業にシフトすると、これまで完成車メーカーと部品メーカーが構築してきたバリューチェーンが一気に崩壊してしまう。

日産は2017年に傘下の部品メーカーであるカルソニックカンセイをファンドに売却したが、これはEV時代の到来を見据えた戦略的な決断と考えられる。一方、トヨタはグループ内に、アイシン精機、曙ブレーキ工業、デンソーなど技術力の高い部品メーカーを多数抱えている。こうした強固なグループ戦略がトヨタの強みだったが、EVシフトが進んだ場合、これが逆に弱みになる可能性も出てきたといってよいだろう。

クルマを所有する合理性がなくなる

かつてコンピュータ業界には多くのハードメーカーが存在し、垂直統合モデルでそれぞれの製品を製造していた。しかし、パソコンという水平統合モデルへのシフトによって、完成品メーカーはHP、デル、レノボの3社に集約され、基幹部品を提供するメーカーは先ほど列挙した数社に絞られてしまった。

自動車産業も似たような状況となる可能性が高まっているが、自動車産業が直面している変化はそれだけではない。**自動運転システムの普及によって、自動車の位置付けそのものが変わろうとしている**のだ。

いつのタイミングで自動運転が普及するのかは現時点ではわからないが、早ければ2020年頃には何らかの形で自動運転のクルマが登場している可能性が高い。自動運転システムについて、クルマがただ自動で運転できるようになるとだけ考えてしまうと問題の本質を見誤る。

クルマが自動で運転できるということは、自分が乗っていない時間帯に、バッテリーを充電するため充電施設に移動したり、駐車場が見つからない時に、路上を走行して時間を稼ぐといったことが可能になる。

また、自動運転システムが普及しているということは、ITを使って道路情報システムとクルマが連携できるということを意味している。

以上の状況を総合すると、どのようなことが起こるだろうか。おそらくだが、**クルマを自己所有する必然性が一気に薄れてしまう**可能性が出てくるのだ。

自動運転時代においては、自分が乗っていない時間帯はタクシーとして顧客を乗せて料金を稼いだり、あるいは十数人で1台のクルマをシェアするという使い方が当たり前になってくるだろう。

朝7時に郊外から都市部に通勤する人と、8時台に都市部から都市部に通勤する人がバラバラにクルマを所有する必要はない。ＩＴシステムと自動運転をうまく組み合わせれば、７時に郊外から利用者Ａ氏を乗せ、都市部で下ろしてＢ氏を乗せるといった使い方ができるようになる。

ＩＴはこうした最適化が得意なので、うまくいけば数人で１台のクルマをシェアしつつ、自分が使う時にはあたかも自分が所有しているような感覚で使うというサービスがたちどころに実現してしまう。

高価なクルマを買ってほとんどの時間を遊ばせておくよりも、月額の利用料金を払ってクルマをシェアした方が安上がりとなる。

しかも、先ほどのケースでは、Ｂ氏が職場に着いたら、そのクルマはタクシーとして活動することもできるので、そこでの収益は利用料から割り引かれることになる。クルマの利用料金はさらに安くなるだろう。

そうなってくると、**嗜好性の高い一部のモデルを除き、クルマはモノとして販売されるのではなく、サービスとして提供された方が合理的**となる。つまり同じクルマでも、まったく意味の違った商品になってしまうのだ。

このような時代において、自動車メーカーが生き残るためには、どう振る舞えばよいのだろうか。

━パソコン・メーカーのようになるかサービス業に転換するか

クルマを製造するだけにとどまっていた場合、ＥＶ化によって価格が劇的に下がり、メーカーが得られる利益も減少する。現在のパソコン・メーカーと同様、薄利多売を余儀なくされるだろう。

この状態を回避するためには、**自動運転技術の標準仕様を握り、自動運転システムそのものを提供する企業として生き残る**必要がある。だが、自動運転システムのスタンダードを握ることができる企業はごくわずかであり、このポジションを取れなかったメーカーの利益は非常に小さくなってしまう。

もうひとつの方法は、**製造業という概念を捨て、クルマをサービスとして提供するサービス事業者にシフトする**という戦略である。

サービスの分野で一定のシェアを確保すれば、長期的な繁栄が可能かもしれないが、クルマを使ったサービスの世界には、タクシー会社やハイヤー会社、カーシェア会社など多くの先行者が存在する。メーカーはもともとこうしたサービスが得意ではないので、サービス業へのシフトは容易ではないはずだ。

自動車産業に携わる人にとっては、台風が到来するような事態かもしれない。だが、それ以外の業界の人にとっては、ＥＶシフトや自動運転シフトはビジネスチャンスとなる。

クルマの利用コストが劇的に安くなれば、多くのビジネス・パーソンが公共交通機関を使った通勤からクルマを使った通勤に切り替える可能性が高い。自身で運転する必要がないので、移動中の時間はすべて自由時間となる。

この時間はコンテンツやサービスを提供する事業者から見れば宝の山となるだろう。移動中にニュースやドラマなどコンテンツを閲覧することはもちろん、英会話学習に費やす人も出てくるだろうし、ショッピングする人もいるだろう。

走行している場所の近隣店舗の広告を配信して来店を促すこともできるし、タクシーの場合には、広告を閲覧したり、指定の店に立ち寄ることで乗車料金をタダにするというクーポンを配信することも可能となる。

小売店や外食、コンテンツ産業など、モノやサービスを売りたい人にとって、自動運転で空いた時間はまさに争奪戦となるはずだ。

ポスト新産業革命の自動車産業

□既存の形態の自動車メーカーは消滅し、水平統合モデルを基本としたパソコン・メーカー型になる

□一部の有力メーカーは、自動運転システムのスタンダードを握り、大きな利益を上げるが、残りのメーカーは薄利多売を余儀なくされる

□クルマを所有するという概念が後退し、複数でシェアする形態が標準的に。通勤には電車ではなく、シェアリングのクルマを使う人が増える

□自動運転化による車中の自由時間は宝の山。あらゆる事業者による争奪戦となる

エレクトロニクス・家電

ネット化は進まない!?本当の意味で利用者ニーズを汲めるかがカギ

一般に家電の世界は、ネット化の進展によって、すべての製品が相互接続され、より便利になるといわれている。家電のネット化が進展することはほぼ間違いなく、いずれＡＩとの連携が進み、利用者が意識せずに高度な機能を使いこなせるようになるだろう。

だが一方で、家電は生活の基本インフラであり、欲しい機能が安価に手に入ればそれでよいという商品でもある。

製造業の分野はＡＩ化の進展によって、低コストでカスタマイズができるようになりつつある。**家電の分野におけるＡＩ化は、ネット接続で高機能になるというよりも、自分に合った製品が安価に手に入る**という形で浸透してくる可能性が高い。つまり利用者側よりもメーカー側がＡＩ化の影響を大きく受けることになる。

利用者が必要とする機能を安価に提供できれば、それだけで十分にビジネスとして成立するという事例は、あちこちで見られる。もっとも典型的なケースはアイリスオーヤマの家電参入だろう。

アイリスオーヤマが家電で成功できた理由

プラスチック製品を中心とした生活用品大手のアイリスオーヤマは２０１７年４月、大型白物家電に参入し、第１弾としてルーム・エアコン４機種を投入した。評判は上々で、猛暑だったこともあり販売も好調だった。

同社のエアコンの最大の特徴はコスト・パフォーマンスである。

発売されたエアコンの価格帯は６万９８００円から９万９８００円で、上位機種には無線ＬＡＮ（Ｗｉ－Ｆｉ）と人感センサーを搭載している。人感センサーは人の有無を自動的に検知して運転をコントロールする機能だが、これまでは高価格帯の製品に搭載されることが多かった。

またＷｉ－Ｆｉを使ってスマホからエアコンを操作する機能も、専用のアダプターが必要など、何かと面倒だった。だが、同社の製品は専用のアプリをスマホにインストールすれば、すぐにスマホからの制御が可能となる。

これだけの機能が付いて9万9800円という価格設定はコスト・パフォーマンスを強く意識したものといえる。

この話は、単純に価格と機能の問題と思えるかもしれないがそうではない。アイリスオーヤマがこうした製品を投入することができるのは、家電やエレクトロニクスの産業構造が大きく変わったからである。

大手電機メーカーを中心とした既存の家電メーカーは、基本的にフル・ラインナップの製品戦略を採用している。家電に高い付加価値があり、利益が大きかった時代はこの製品戦略はうまく機能した。

以前なら、利用者が欲しい機能を搭載した機種を製造するにはそれなりのコストがかかった。メーカーはこうした製品に対しては高めの価格設定を行い、この値段には手が出ない消費者には、機能を絞った安価な製品を用意した。

だが、近年はIT化の進展で部品のモジュール化が進み、高機能を実装してもそれほどコストはかからなくなった。先ほどのWi‐Fiや人感センサーにかかるコストなどたかが知れている。

また家電の開発コストそのものも劇的に下がってきた。

ＩＴ時代には多くの情報が社会で共有化されるので、ひとたび技術が確立すると、他社がそれをキャッチアップするのはそれほど難しくない。製造業であっても、開発や製造を担当する社員さえ確保すれば容易に新規参入ができるようになった。

アイリスオーヤマは、２０１３年に大阪Ｒ＆Ｄセンターを開設。シャープやパナソニックなど大手電機メーカーの出身者などを採用し、たちまち家電メーカーに変貌してしまった。

こうした環境では、ある程度、高機能の製品を比較的安い価格帯で販売することはそれほど難しくない。

もちろん家電大手も同じことができるが、それではコスト・パフォーマンスの良い製品だけが売れてしまい、全体のボリュームを稼げない。

つまり、**家電という商品は、もはや巨大企業が高い利益を上げるために取り組むものではなくなってしまった**のだ。白物家電が消滅することは決してないだろうが、高収益を目指す企業との親和性はもはや低いというのが現実だ。

同じような動きは他でも見られる。

量販店によるＰＢ（プライベート・ブランド）家電も、コスト・パフォーマンスが高い商品として注目を集めている。2017年の夏、量販店のドン・キホーテが販売したある4K大型テレビは、販売開始からわずか1週間で完売となってしまった。

一方では、バルミューダの高級トースターが飛ぶように売れている。トーストを焼くことしかできない単一機能の製品に2万円以上の価格設定というのは、従来のマス・マーケティングではあり得なかった試みである。だが、シンプルでデザイン性が高いという魅力があれば、十分な競争力を持つ。

これらのケースはすべて、**成熟社会・成熟産業における新しいマスプロダクトの**形態と考えてよいだろう。

今後の家電業界は、基本的にこうした流れの延長線上で展開することになる。**キーワードとなるのはマーケット・インの概念**である。

プロダクト・アウトではなくマーケット・インという発想

従来のマスプロダクトはプロダクト・アウトという発想で製品化されてきた。プロダクト・アウトとは、技術や設備などメーカー側の論理で商品開発や販売を行うというマーケティング理論である。

プロダクト・アウトでは、「新しい技術を使うと、○×という機能が実現できるので、その技術を使った製品を市場に大量投入する」といったやり方になる。

一方、マーケット・インでは、利用者側のニーズを起点に製品開発や販売戦略を展開する。もっとも、現実の市場はそう単純ではなく、顧客のニーズに沿った製品を作れば売れるという話ではない。

アイリスオーヤマ創業者の大山健太郎氏が、今でいうところのマーケット・インに関する着想を得たのは、オイルショックの時代にまで遡る。

製品戦略だけでなく、販売チャネルの見直しも行い、方向性に合わない販売経路はあえて断ち切る決断を行ったが、それでもマーケット・インのビジネス・モデルが機能するまでにはかなりの時間がかかっている。現実には、プロダクト・アウトとマーケット・インとの間で絶妙なバランスを取らないと、企業の戦略としてはうまく機能しない。

だが、本書で問題にしているのは、個別企業の製品戦略ではない。

産業全体でコモディティ化が進んでいる場合には、大きな流れとして、プロダクト・アウトからマーケット・インの方向にシフトしてくるのだ。

プロダクト・アウトの時代には、流通や販売はあまり力を持たないが、マーケット・インの時代になると量販店やネット通販の影響力が大きくなり、メーカーの論理が通用しなくなってくる。

ＩＴの世界は一足先にこうした状況にシフトしたが、家電の分野も同じ流れにある。アイリスオーヤマやバルミューダの成功は、産業構造の変化がもたらした結果ということになる。

このような時代にメーカーが生き残るためには、アイリスオーヤマのように徹底的に利用者ニーズにフォーカスするか、もしくはダイソンのように極めて高い付加価値を提供するかのどちらかということになるだろう。

これはＡＩを使った家電製品でも同じ理屈となるはずだ。

以前から、ネット化の進展によってあらゆる家電がネットにつながり、世の中は便利になるという話が喧伝されてきたが、思った程、家電のネット化は進んでいない。誰がネット接続のスタンダードを握るのか、まだはっきりした状態ではないので、これからが勝負の本番という考え方もあるだろう。

だが、**家電という存在がコモディティ化しているという現状を考えると、プロダクト・アウトの発想で家電をネット化してもうまくいかない**だろう。

東芝は顧客ニーズを吸い上げた製品として、冷蔵庫にカメラを搭載したモデルを投入した。買い忘れなどを防ぐためのものだが、ほとんど受け入れられず、カタログから記載を削除してしまった。

2万円もの追加費用を払い、会員登録やWｉ‐Ｆｉの接続設定が必要なこの機能を積極的に購入する顧客が大勢いるとは思えない。だがこの話だけを聞いて、家電のネット接続が無意味だと断定するのは拙速である。

冷蔵庫には最初からカメラが搭載されており、製品の値段はそのまま。購入して設置すれば自動的にネットに接続し、アマゾンや楽天と連携して商品の自動買い置きができるとなったらどうだろうか。当然、その機能の利用料金もタダである。

勝手に冷蔵庫の中を見てネット通販で買い物を済ませてしまうことについては、一部の人は強い拒否反応を示すだろうし、筆者もあまり良い気分はしない。だが、利便性が極めて高ければ、一部の利用者はこうしたサービスを受け入れるはずだ。

顧客ニーズという視点に立つならば、ここまでやらなければ意味がない。

先ほどの東芝のケースは、マーケット・インと言いながら、2万円もの追加費用を取ったり、利用者に面倒な利用登録や設定を要求するなど、実はメーカー側の発想で製品が提供されていた。ここが最大の失敗要因であり、ネット接続そのものが原因ではない。

家電をネットですべて接続し、利用者の細かいニーズにとことん対応する製品なら着実に販売を伸ばすだろう。

２０１７年後半、グーグルやアマゾン、ＬＩＮＥなどＩＴ企業が相次いでＡＩスピーカーを発売したが、米国ではすでにＡＩスピーカーはかなりメジャーな存在となっている。多くの日本人は知らないが、海外市場ではこうしたＡＩスピーカーに対応した電球やコンセントなどが無数に売られている。

グーグルやアマゾンは家電を制御するための統一規格を定めており、これに準拠した製品であれば、好きなように声でコントロールができる。確かに声で照明を操作して何の意味があるのかと思う人も多いかもしれない。だが、朝起きたら自動でカーテンが開き、コーヒーメーカーが動くという生活を望む人は一定数存在する。

そうした人が全体の５％でも存在すれば、十分、ビジネスとして成立する。グローバルな生産・流通体制が整った今、限りなくニッチであってもそれはビジネスになる時代である。多くの人が知らない間に、こうしたネット接続型高機能家電は社会に普及していくだろう。

以上を総合して考えると、家電業界の将来についてある程度の輪郭が見えてくる。**家電製品のコモディティ化はさらに進み、コスト・パフォーマンス追求型の製品と、個性をウリにした特徴的な製品の二極分化が進む**だろう。大きな流れとしては、マーケット・インなので、利用者のニーズに沿わない製品は売れにくくなる。

家電のネット接続も同時に進んでいくが、単純に冷蔵庫の中を見ることができるといった、技術をベースにしたプロダクト・アウト的製品はあまり売れないだろう。利用者の負担がなく、「ここまでやってくれるのか」というレベルまでサービスを追求することで、ようやく利用者は受け入れる。

新しい利用方法は利用者が編み出すという考え方もある。

グーグルの家電制御はこうしたコンセプトに近い仕組みだが、そうだとすると、家電には各種センサーだけが搭載され、あとはアプリで好きにアレンジするというパターンもあり得ることになる。こうしたニッチ製品なら、社員1人の会社でも参入が可能かもしれない。

ポスト新産業革命のエレクトロニクス・家電業界

□技術のコモディティ化によって、メーカー主導のフル・ラインナップ製品戦略は成立しなくなる

□コスト・パフォーマンスが重視されるので、ニッチなメーカーの方が強みを発揮しやすい

□基本的にプロダクト・アウトからマーケット・インという形に市場がシフトする

□サービス化で付加価値を出すには、とことんレベルを追求する必要がある

□仕組みだけを提供し、使い方については利用者に考えさせるというやり方もある

金融

従来型の商業銀行が消滅
メガバンクは業務内容をシフトし
ＩＴ企業が融資を担う

金融は、この先、もっとも変化の大きい業界のひとつとなるだろう。この分野は、人口減少による影響とＡＩ化による影響の両方を受けるからである。

人口減少による影響はすでに地銀の業界では顕著となっている。このところ地銀の経営統合が相次いでいるが、これは経営規模の拡大で何とか人口減少の影響を軽減しようとの試みだが、どれほどの効果があるのかは微妙なところだ。

地銀はただ経営統合すればよいというわけではない

日本の銀行は、全国展開を行うメガバンクと地域限定でサービスを提供する地方銀行に大別されている。さらに地域密着型の金融機関として、より狭いエリアで小規模に事業を展開する信用金庫や信用組合という組織がある。

大企業の多くが首都圏など大都市圏に集中していることから、実質的にはメガバンクは大企業を中心に取引を行い、地方銀行は各地域にある中堅中小企業と取引を行うという形にならざるを得ない。日本における**メガバンクと地方銀行の違いは、エリアだけではなく融資先の違い**という棲み分けでもあった。

ところが近年、高齢化とそれに続く人口減少の影響から、メガバンクを頂点にした従来型ヒエラルキーの維持が難しくなっている。人口減少は、単純に人の数が減るだけではなく、生活拠点の移動を伴う。都市部への人口集約が進むことで、エリアによって棲み分けができていた金融機関のバランスが崩れてしまうのだ。

では地方の金融機関はどのようにして生き残りを模索すればよいのだろうか。

実は地方銀行とひとくちにいっても、その収益力には大きな違いがある。2017年3月期における地方銀行（地方銀行協会加盟行）の業務純益率の平均値（単純平均）は0・3％だったが、地方銀行64行のうち、平均値を上回っていたのは全体の4割で残りは平均値以下だった。

収益力が高い銀行にはいくつかの特徴がある。

ひとつは規模の大きさである。

福岡銀行、横浜銀行、千葉銀行など**資産規模の大きい銀行は総じて収益力が高い**。地方銀行の中で資産規模がもっとも大きい横浜銀行は約850億円の業務純益を出しており他行を圧倒している。同行の総資産（単体）は16兆円を突破しており、平均的な地方銀行の3倍の規模がある。

しかも同行は2016年4月に第二地方銀行の東日本銀行と経営統合し、持ち株会社であるコンコルディア・フィナンシャルグループを設立した。東日本銀行の資産規模は2兆円強なので、連結ではさらに資産規模が大きくなる。千葉銀行と福岡銀行も資産規模が14兆円ほどあり、地方銀行としてはかなり巨大な部類に入る。

規模の大きい銀行は、システム開発や店舗運営などでボリューム・メリットを生かせるので、経営効率が高くなる。

このところ地方銀行の再編が相次いでいる理由は、規模の追求が主な目的である。しかし、横浜銀行や千葉銀行のレベルまで経営規模が大きくなればそれでよいのかというと、必ずしもそうではない。その理由は、**収益力というものは営業活動を展開するエリアに大きく依存する**からである。

横浜銀行と千葉銀行は首都圏が営業基盤であり、当然のことながらこのエリアには優良企業がたくさんある。横浜に本社を置く上場企業も多く、横浜銀行は大企業とも取引することができるので、経営環境はメガバンクに近くなる。福岡も地方都市としては別格の存在であり、商圏の規模がそもそも大きい。

つまり、これらの優良地方銀行は規模の大きさを追求したというよりは、商圏が大きいので、結果的に資産規模が大きくなっただけであり、今後の地銀経営のモデルにはなりにくい。一般的な地方都市では、仮に経営統合を進めたとしても、首都圏のような商圏は存在しないので、収益力はそれほど高まらないだろう。

では規模の追求ができないエリアの銀行はどうすればよいのだろうか。

第1章でも紹介したが、スルガ銀行のように個人向け融資に特化する、あるいは阿波銀行のようにエリア外の融資を強化するといった戦略が考えられる。

スルガ銀行が高収益を維持している理由は、個人向け融資への特化とネットの活用である。個人向けの融資は金利が高く、ネット化の進展で行員の数も抑制できる。しかもネットで個人を相手にしているのであれば、エリアの制約からも解放される。一連の相乗効果によってスルガ銀行は高い収益を維持することが可能となった。

一方、阿波銀行は中小企業への融資を得意とする典型的な地方銀行である。阿波銀行の特徴は融資先を絞っていることである。

地方銀行の預貸率の平均値は約70％台だが、阿波銀行の預貸率は63％と平均値を下回っている。無理な融資をしない一方で、確実に金利が取れる案件を確保するため、営業エリアを拡大している。

同行は確実な融資先を確保するため、首都圏や関西圏での営業を強化しており、融資金額に占める首都圏、関西圏の比率は高い。

結局のところ両行は、個人向けか法人向けか、ネットかリアルかという違いはあるにせよ、営業エリアを拡大することで高収益を実現している。

だが、優良な融資先というパイは限られており、同じ戦略を各行が採用した場合には、生き残れない銀行が出てくるだろう。現実問題として、地方銀行の数は半減する可能性が高い。

──メガバンクが相次いで人員削減を打ち出している理由

厳しい状況に置かれているのは地方銀行だけではない。別の理由でメガバンクも体質転換を迫られている。**メガバンクが直面している課題は、低金利による収益低下と新しい金融サービスの台頭**である。

2017年11月、メガバンク各行は相次いで大規模な人員削減計画を明らかにした。三菱UFJフィナンシャル・グループは9500人分の業務量削減、三井住友フィナンシャルグループは4000人分の業務量削減、みずほフィナンシャルグループは1万9000人の人員削減となっている。

厳密に言うと、明確に人員削減に言及しているのはみずほだけで、三菱UFJが掲げた9500人というのはあくまで業務量の削減である。三菱UFJの人員削減は自然減で6000名となっており、三井住友は人員削減には触れていない。

三菱UFJでは、業務量の削減で余剰となった人員をより付加価値の高いクリエイティブな業務にシフトすると説明している。だが、現実問題として、皆がこうした高付加価値業務に従事できるわけではないだろう。表現の違いはあるものの、各行とも大規模な人減らしを狙っていることは明らかであり、実際、金融業界ではそのように受け止められている。

では各行はなぜここまで人員削減に必死なのだろうか。ひとつは**低金利の長期化で銀行の収益力が低下**していること、もうひとつは、**AIやフィンテックの普及で銀行業務の多くが不要となる可能性が出てきている**からである。

日本の銀行の高コスト体質は以前からよく知られているが、金利がそれなりの水準だった時代にはその問題はあまり顕在化していなかった。だが量的緩和策の実施によって慢性的な低金利が続くことになり、銀行の収益力は大きく低下している。そうなってくると、銀行はコスト削減に乗り出さざるを得なくなってくる。

各行が最初に目をつけたのはシステム経費である。

三菱ＵＦＪは、これまで自社で管理してきた情報システムをアマゾンのクラウドサービスに移管する方針を示し、大きな話題を呼んだ。

同社がクラウドへの移管を検討していることは、すでに２０１６年頃から明らかになっているのだが、人員削減の発表の直前にあえて目立つようにアナウンスしたことにはそれなりの意味がある。おそらくは、銀行のシステム構築を請け負うシステム会社に対する強いメッセージだろう。

各社の資料などから筆者が推定したところでは、メガバンクは1行あたり年間で平均約１５００億円の費用を情報システムに投じている。**三菱ＵＦＪ銀行の場合、人件費以外の経費のうちシステムが占める割合は22％**に達する。これは完全に固定費であり、収益とは関係なく発生することを考えると、銀行にとっては重い負担といえる。

銀行の情報システムは、長年、信頼性第一という観点から勘定系を中心に大型汎用機（メインフレーム）が用いられてきた。最近ではPC系サーバーの性能が向上したことから、PCアーキテクチャをベースにシステムを構築するケースも出てきているが、それでも銀行のシステムは別格とされ、信頼性維持のために多額のコストが費やされている。

三菱UFJでは当面、勘定系をクラウドに移管する予定はないとしているが、一方で、勘定系の移管についても検討の対象外とはしないとも明言している。とりあえず**情報系のシステムがクラウドに移管されただけでも、コスト削減効果は相当なもの**となるだろう。

こうした観点で金融業界を眺めて見ると、最近、話題となっている銀行系のデジタル通貨も同じ文脈で理解できる。

三菱UFJは、デジタル通貨「MUFGコイン」の開発を行っており、近くサービスを開始する予定である。スマホにアプリをインストールすれば、ネットバンク経由でコインを瞬時に送金できるというもので、少額決済分野での普及を見込んでいる。三井住友やみずほも同様の開発を行っている。

MUFGコインは、既存の通貨をベースに1コイン＝1円で交換するだけであり、それ自体に貨幣的価値が生じているものではないことから、厳密には仮想通貨と呼べない可能性がある。自由に送金ができるという点では目新しいが、スイカなどの一般的な電子マネーと大差はない。

問題はわざわざこのようなデジタル通貨をメガバンクが開発する理由である。

これらのデジタル通貨には、ブロックチェーンなど、仮想通貨に使われる技術が応用されており、極めて低コストで運用できる。当然、顧客から得られる手数料収入も限定的なものとなり、逆に銀行の収益を低下させてしまう可能性すらある。

だが、メガバンクの狙いが肥大化した情報システムのスリム化だと考えれば辻褄は合う。現在はどんな零細取引もすべて同じ勘定系システムで取り扱っているが、ここに**デジタル通貨が普及してくれば、金額が小さく、顧客にとっての重要度が低い取引については、デジタル通貨のシステム系統に移管することができる。**重要な決済業務を担う高コストな勘定系システムを大幅にスリム化することが可能となるのだ。

零細な取引をデジタル通貨に移管した場合、削減できるのはＩＴコストばかりではない。店舗の運営コストも大幅に安くなる。

日本は先進諸外国に比べて現金の流通比率が極めて高いという少々ガラパゴスな市場環境にある。このため各店舗では大量の現金引き出しに備え、相応の体制が組まれているが、これも銀行の収益を圧迫する要因となっている。**システム経費の削減やデジタル通貨の導入、店舗のスリム化は、すべて行員の人員削減につながる**話である。これら一連の施策の結果が、9500人分の労働力削減と1000億円のコスト削減ということになる。

こうした状況に加え、AI技術の発達によって、金融機関以外の組織でも融資の審査が容易になったことから、他業種からの参入も増える。

第1章では、リクルートやクラウドファンディング企業の事例を紹介したが、ファミリーマートとドン・キホーテもスマホを使って顧客向けに融資を提供するサービスを検討している。近い将来、**金融機関以外の組織が融資サービスを提供するのは当たり前となり**、純粋な商業銀行という事業形態は消滅しているだろう。

メガバンクは商業銀行業務を大幅に縮小し、付加価値の高い投資銀行業務やプライベートバンク業務にシフトした方が合理的だ。今回、打ち出された人員削減計画は、その第一歩と考えるべきだろう。

ポスト新産業革命の金融業界

□人口減少によって地方銀行の数は今の半分まで減少する

□メガバンクはAI化の進展によって、大規模な人員削減に追い込まれる

□近い将来、商業銀行という業態は消滅している可能性が高い。IT企業など他業種からの新規参入も増える

□メガバンクは、投資銀行業務やプライベートバンク業務など付加価値の高い業務にシフトする

生活関連ビジネス

マスプロダクトからカスタマイズへライフスタイルが根本的に変化し、より個人の嗜好が重視される

人口減少によって基本的に生活関連ビジネスには逆風が吹く可能性が高いが、家具やホームファッション、リフォームなど、住まいに関連したビジネスは逆に市場の拡大が見込める。すでに存在している住宅インフラの再活用にお金を投じる人が増えてくるからである。

外食産業の項目でも論じるが、ライフスタイルの変化に伴って食事のプライベート化が進み、家にデリバリーを頼むケースが増えると考えられる。家の環境を良くしようという意識が働くので、やはり関連支出には追い風となる。

これからは「住」に関するビジネスが伸びる

住に関連した企業で、今もっとも勢いがあるのは、家具・ホームファッション大

手のニトリだろう。

未来の様子を知るためには、未来のことに無理に思いを馳せるよりも、「今、起きている小さな未来」を発見した方がよいと言われる。もっとも先端を行くニトリの動向を知ることができれば、「住」に関連したビジネスが今後、どう推移していくのか、ある程度の見通しを立てられるだろう。

このところニトリは都市部を中心に新規出店を加速している。従来は郊外の大型店が中心だったが、都市部への出店を加速させるため、新しい業態である「デコホーム」をスタートさせた。新規出店の多くはデコホームの店舗である。

ニトリが都市部への出店を加速させている背景には、当然のことながら人口動態の変化がある。本書ではすでに何度も言及しているが、人口減少というのは、今と同じ状態で人の数が減っていくということを意味していない。

人がコミュニティを形成するためには、一定以上の人数が必要となるが、外部からの支援がない限り、限界値を下回った状態でコミュニティを維持することは不可能である。その結果、総人口が減ると、都市部への集中化が進むことになる。

首都圏では東京都心部に、地方では地方中核都市の中心部に人が集まってくる。

ニトリはこうした状況に合わせ、都市部への展開を加速しているわけだが、同社の成長目標はかなり大胆である。

現在、同社の店舗数は約500店舗だが、2032年までに3000店舗に拡大するとしており、まだまだ拡大余地があると判断しているようだ。3000店舗の中には、海外店舗が含まれており、従来のニトリが出店していたエリアにもデコホームを並行出店するので、すべてが都市部の店舗というわけではない。

それでも、これだけの新規出店計画を同社が立案しているということは、都市部への人口集約の動きが大きいことを意味している。

一方、ニトリのライバルともいえる**イケアは、このところ苦戦**が続いている。

イケアの店舗は基本的に全世界統一基準となっており、クルマで来店し、一方通行でショッピングを続け、最後に商品を受け取ることを前提にした作りだ。このため大型店舗が原則となっており、ニトリのようなきめ細かい出店はできない。

横浜にあるイケア港北店の周囲には、ニトリの店舗が取り囲むように出店しており、イケアの顧客をじわじわと奪っている。イケアは2016年度の決算では減収に転じており、2017年には大幅な値下げに踏み切った。

これまでは高いブランド力を生かし、強気の構えだったが、状況は大きく変わっているようだ。

住に関する支出が増えるという流れは、家電量販店最大手のヤマダ電機の動向からも窺い知ることができる。同社は**家電販売の分野では圧倒的なトップ企業だが、住宅リフォームや家具、ホームファッションの分野に急速に軸足を移しつつある。**

同社は2017年6月、住宅のリフォームやホームファッション、インテリアなどを総合的に提供する新型店舗「インテリアリフォームYAMADA」前橋店をオープンさせた。店内には、ホームファッションやインテリア雑貨、家具といった商品が並んでおり、「住」に関するあらゆる商品を一度に見ることができる。

商品のラインナップはニトリに近いが、ヤマダの場合はそれだけではない。インテリアリフォームの店内には、同社が設立したハウス・メーカーであるヤマダ・ウッドハウスのショールームもあり、家の建築についても相談できるようになっている。また同年6月に設立されたばかりのヤマダ不動産も店舗内にスペースを確保し、物件の紹介やローンの相談など、**総合的な不動産サービスにも乗り出している。**

ちなみに、インテリアリフォームYAMADAの近隣（200メートル圏内）には、テックランドの店舗とヤマダ・ウッドハウスのモデルルームがあり、エリア全体でヤマダ電機のサービスを提供できる仕組みになっている。

不動産の購入や家のリフォーム、家具や家電製品の購入、さらには雑貨に至るまで、**「住」に関するトータル・サービスを目指すというのがヤマダの戦略**である。インテリアリフォームの店舗は新業態の「顔」として全国展開する予定となっており、各地でエリアに特化した販売を実施していくと考えられる。

ヤマダの店舗は郊外にあることが多く、ニトリのように都市部へのシフトは進めていない。だが、同一エリアに複数の店舗を併存させるというやり方は、ニトリの考え方に近い。**郊外でも人口集約が進む場所を中心に、地域の商圏を徹底的に確保していく戦略**と考えられる。

同社は、家電量販店では断トツのガリバー企業だが、高齢化や人口減少という消費構造の変化に直面し、売上高の減少に悩まされてきた。また、家電製品のコモディティ化によって、製品単体の販売では利益が出にくくなった。こうした状況を脱却する手段として目を付けたのが、「住」関連の市場であり、地域の商圏を丸ごとカバーするという出店戦略である。

先ほど家電メーカーのビジネスが成立しなくなっているという話をしたが、家電メーカーの主役交代の話と、ヤマダ電気の業態転換、そして同社やニトリの新しい出店戦略は、実はすべてひとつにつながっている。

技術のコモディティ化によって産業構造が変化し、それが人々のライフスタイルに影響を及ぼし始めている。しかも日本の場合には、人口減少による人口動態の変化が加わることになり、変化のスピードが加速している。

大量生産と同じ価格でオーダーメードされるのが当たり前に

ではこうした状況にＡＩによる効果が加わるとどうなるだろうか。おそらく従来の大量生産品とほぼ同等の価格で個人向けにカスタマイズされた製品が手に入るようになるだろう。つまり、自分だけのオリジナル商品である。

製造業の世界はＩＴ化の進展によって、単純なもの作りから、サービス業へのシフトが進みつつある。だがＩＴ化や人口知能化は、もの作りそのものについても大きな変革をもたらそうとしている。

近い将来、３Ｄプリンタが普及し、生産ラインを使った大量生産ではなく、必要なものを必要な分だけ、必要な場所で生産することが可能になるといわれてきた。

数年前までは「近い将来」という認識だったが、**３Ｄプリンタを使ったマス向けの**

商品はすでに実用化段階に入っている。

ドイツのスポーツ用品メーカーであるアディダスは2017年、スポーツシューズのソール（靴底）を3Dプリンタを使って製造する新モデルの販売を開始した。**当初は5000足限定だが、2018年には10万足まで拡大**する予定だという。

靴底のサイズや形状は、購入者の足の形に合わせるのがベストだが、当然のことながら量産品ではそうした対応は不可能である。だが、同社は3Dプリンタを使ってソールを製造することで、個人にカスタマイズした製品を、量産品の価格で提供することに成功した。

3Dプリンタの価格破壊は著しく、製造コストは劇的に下がっているものの、それでも生産ラインを使った従来型の大量生産と比較するとまだ高い。しかし従来型の大量生産をうまく機能させるためには、何度も試作品を作り、そのたびに生産ラインを調整する必要がある。

3Dプリンタなら、設計された図面さえあれば、そのまま1個からでも製造ができ、テストして問題がなければ、そのまま量産に移ることができる。今回のアディダスのケースでは、トータルのコストはほとんど変わっておらず、量産品と同等の価格設定が可能となった。

この動きはあらゆる分野に広がってくるだろう。

身の回りにあるプラスチック製の小物類などは、希望のサイズにぴったり合うものが意外となかったりする。「横があと1センチ短ければ、この隙間に入るのに」と、悔しい思いをしたことがある人は多いはずだ。

3Dプリンタを使った製造はこうした問題を解決してくれる可能性がある。ネットで必要な寸法を入力すれば、3Dプリンタが製品を製造し、郵送あるいは店舗で製品を受け取ることが可能となるかもしれない。

この考え方をさらに進めれば、**家具のカスタマイズも不可能ではない。**

もちろん大型家具となれば、木製のものも多く、3Dプリンタで製造というわけにはいかないだろう。だが設計や製造プロセスを徹底的にIT化することで、一定の範囲で寸法を自由に変更できる商品を開発することはできる。

店舗に家の見取り図を持参すれば、**家具やホームファッションをすべてオリジナル・サイズでトータルコーディネートするというサービスも出てくる**だろう。

ここまで来ると、「住」に関するあらゆる商品を総合的に取り揃える意味が出てくる。もちろんネットですべてを済ますことも可能だが、家具の場合には、質感や座り心地といった別の要素もあるので、店舗へのニーズは意外と減少しないかもしれない。

都市部への人口集約が進んだ場合、住居の平均面積は確実に減少する。狭い住宅を効率よく使うには、スペースを極限まで活用した方がよい。**人口動態の変化も、こうしたインテリアのカスタマイズを後押しする**だろう。

ニトリやヤマダはトータル・ソリューションとして一連のサービスを提供していくだろうが、ある程度までは自分で取り組みたいという顧客もいるはずだ。ホームセンターの中からも、同じような方向性を目指すところが出てくるだろう。

10年後には、3Dプリンタを設置した、小規模な都市型ホームセンターがあちこちに出店しているかもしれない。

ポスト新産業革命の生活関連ビジネス

□既存の住宅インフラの再活用が進むので、「住」に関するビジネスは伸びる

□外食産業のデリバリー・シフトも、住宅関連の支出増を後押しする

□商品のコモディティ化によって、商品よりも商圏が重要となる。特定の商圏を押さえた事業者が有利に展開できる

□住に関する製品はオーダーメードが当たり前に。だがAIなど新技術の活用でコストは大量生産とほぼ同じになる

アパレル

所有するという概念が消滅
購入→着用→着用後まで、
AIとの連動で
トータルに顧客をサポート

アパレル業界の未来は、「所有」という概念が希薄化するという点で、自動車産業と似ているかもしれない。ほどなく、大きな再編の波が押し寄せるだろう。キーワードになるのは、やはりAI化とシェアリング化である。この分野で先行しているのは、米国企業ではアマゾン、国内企業ではZOZOTOWNを運営するスタートトゥデイである。両社の戦略を理解できれば、アパレル業界の将来について、ある程度の見通しを立てられるはずだ。

1万5000カ所のサイズを瞬時に測定

2017年11月、ファッション通販サイト「ZOZOTOWN」を運営するスタートトゥデイが、自動的に体のサイズを採寸できるスーツの無料配布を開始した

（注文が殺到したので、実際の出荷は2018年から）。

同社はツケ払いのサービスを提供したり、配送料を利用者が決める制度を導入するなど、話題性のある取り組みで知られている。一見するとイメージ先行にも思えるが、その背景にあるのは米アマゾンと同様、テクノロジーをベースにしたイノベーションの活用である。

採寸スーツは、伸縮性のあるデザインとなっており、各部分の生地の伸び具合をセンサーが検出。約1万5000カ所のサイズを瞬時に計測できる。採寸データはスマホのアプリを経由してZOZOのクラウドに送られ、ZOZO側はそのデータを使ってサイズに合った洋服を提供していく。

ZOZOでは、PB（プライベートブランド）として展開する自社製品に加え、ECサイトに出店しているメーカーの製品にも採寸データを活用するとしている。このデータがあれば、基本的にサイズの合わない洋服を買うことがなくなるので、利用者は服のサイズで悩む必要がなくなる。

一方、ZOZO側にとっては返品リスクが減るとともに、顧客の囲い込みにもつながる。行きつけのオーダーメード店の感覚に近くなるので、利用者はZOZOを通じて購入を続ける可能性が高い。

洋服にはサイズという制約条件があるため、これまではショップを持つ事業者が有利というのが業界の常識だった。

ところが採寸スーツのようなシステムが普及すると、こうした常識が一気に覆る可能性がある。

米アマゾンも同じようにテクノロジーを使って業界の常識を変えようとしている。同社は2017年に新しいサービスである**「プライム・ワードローブ」を立ち上げた。これは、購入前の服を自宅で試着できるというサービス**である（有料会員であるプライム会員限定）。

プライム・ワードローブに申し込み、ファッションのカテゴリーにある商品の中から3点以上を選択すると、専用ボックスで商品が送られてくる。利用者は自由に試着し、気に入らなかったものは、同じボックスに入れて返送すればよい。返送料は無料で、気に入った商品はそのまま購入できる（試着期間は1週間）。

3点以上を購入すれば価格は10％割引に、5点以上を購入すれば20％割引になる。購入した商品以外には一切、お金がかからないので、有料会員は気軽にサービスを利用できる。

無料で試着・返品できるというサービスそのものはすでに世の中に存在している。圧倒的な規模を持つアマゾンがこのサービスに乗り出した意味は大きいが、サービス自体が特段目新しいというわけではない。

アマゾンがアパレル分野に本格参入した狙いは、これまで人が担っていたアパレル業務のAI化にある。

実はアマゾンは同じタイミングで、あるAIツールの出荷を開始している。それは会話型AIスピーカーである「エコー」の機能拡張版「エコールック」である。「エコー」は話しかけるだけで買い物をしたり、必要な情報を入手できるAI端末で、英語圏ではすでに2500万人以上の利用者がいる。**会話型AI市場におけるエコーのシェアは7割**を超えており、今のところアマゾンの独壇場だ。

エコールックは、従来型のエコーに加え、全身写真を撮影する新しい機能を搭載している。カメラやフラッシュなどが内蔵されており「写真を撮って」と話しかけると、全身写真を自動で撮影してくれる。背景は自動で処理されるので、多少、散らかった部屋でも綺麗な全身像を撮影することが可能だ。価格は199・99ドル。

SNSに全身写真をアップしたいと考える人は多いが、全身写真を自撮りするのは意外と難しい。エコールックを使うと、いとも簡単に美しい全身写真が撮影できることに加え、専用アプリで自身のファッションをチェックすることもできる。2種類の写真をアップすると、色やデザインをシステムが解析し、どちらがよいのかアドバイスしてくれる。

エコールックとアマゾンの新サービスである「プライム・ワードローブ」は、当然のことながらセットで考えるべきものだ。

両者が揃って普及すれば、**エコールックを使って最適なファッションをAIに提案してもらい、該当する商品をプライム・ワードローブで購入する**という一連の流れが成立することになる。

洋服を返品する理由としてもっとも多いのは、サイズが合わないことだといわれる。ZOZOの採寸スーツとは異なり、エコールックには利用者のサイズを直接測定する機能はない。だが、エコールックのクラウドには、大量の全身画像が集まるので、最終的にはZOZOと同様、利用者のサイズに関するデータも蓄積されることになる。

もし、これらのサービスが本格的に普及した場合、洋服の買い方が一変する可能性が出てくる。

季節の変わり目ごとに、どんな洋服が必要なのかを考え、個別商品ごとにお店を回って探すというのがこれまでの一般的な買い方だった。しかしＡＩがコーディネーター役となり、自動的に似合う洋服が送られてきて、不要なものだけ返品すればよいということであれば、一定数の人がこうしたサービスを利用する可能性は高い。

アマゾンやＺＯＺＯのサービスは、今のところ、都度、商品を購入するというシステムだが、実は**これらのサービスは月額固定料金制との親和性が高い。**一定金額を払っていれば、毎月、あるいは季節ごとに洋服のパッケージが送られてくるというサービスが一般的になるのも時間の問題だろう。（原稿執筆後の２０１８年2月15日、ＺＯＺＯは定額サービス参入を発表）。

中古品と新品はシームレスにつながる

この話にはおそらく続きがある。

月額固定料金で自分に合う洋服を購入するという行為が定着するのであれば、その対象が必ずしも新品である必要はない。アパレルは、他の業界に比べてむしろ中古品市場が発達しているので、定額サービスは中古市場にも拡大してくるはずだ。

一定金額を支払うと、自分に似合いそうな服が送られてきて、それをレンタルできるというサービスはすでに存在している。

今のところ、こうしたサービスの多くは、過去のレンタル履歴などからスタイリストが洋服をチョイスするという人海戦術が中心となっている。しかし、ＡＩが普及すれば、こうした作業の多くを自動化できるので、大幅なコスト削減が可能だ。

そうなってくると、**洋服を購入するという行為と、レンタルするという行為の垣根は限りなく低くなる**。同時に新品と新古品、そして中古品との垣根も低くなってくるだろう。

最終的には新品、何度か返品された新古品、中古品という三つの商品群がひとつの事業者の中で循環するという、**一種のエコシステムが完成**する。

利用者の購入形態が変わっても、洋服を作る機能は必要なので、メーカーという業態は維持されることになるが、ショップ、あるいはショップ・ブランドのメーカーは大きな戦略転換を余儀なくされるだろう。

クリーニングのビジネスは業態が大きく変わる？

衣料品分野における新古品や中古品の市場が広がってくると、思わぬ分野に影響が及ぶ可能性も出てくる。これはあくまで筆者の推測だが、クリーニング業界はそうした対象となる可能性が高い。

ユニクロやしまむらのような低価格なショップ・ブランドが登場してきたことで、**衣料品の価格はかなり安くなった**。結果として、**クリーニングのサービスの価格は相対的に上昇**している。

ジャケットが2000円で買える時代に、クリーニング代が1000円というのはどう考えても割に合わない。だがクリーニング店のコスト構造を考えると、価格を大幅に安くすることは難しい。人件費や配送など、コストの圧縮が難しい部分が大きな割合を占めているからだ。

このところコインランドリーの市場が拡大しているが、安価な衣料品が増え、相対的にクリーニング店のコストが増大したことも大きく影響しているだろう。

中古品も含めて、定額料金での洋服の購入、または**レンタルが普及すれば、下着など日常的な洋服を除いては家庭ではクリーニングせず、返却された事業者がまとめてクリーニングする方が効率的**となる。

定額サービスで洋服を購入し、ひとつのシーズンを着続けたら、中古品として返送し、いくらかのお金を事業者から受け取るか、定額料金から割り引いてもらう。送付された洋服は事業者がクリーニングして、今度は中古品のレンタルとして市場に出回り、次のシーズンには再び返却されてくる。

既存のクリーニング店は、より高付加価値なサービスにシフトし、ブランド品のクリーニングや、どうしても取りたいシミへの対処などに特化する。このような事業形態にシフトすれば、経済全体ではかなりの効率化が実現するはずだ。

ポスト新産業革命のアパレル業界

□採寸スーツなど、サイズの問題がテクノロジーで解決されることによってショップの必要性が薄れる

□AI技術の発達によって、自分に似合う服を選んでもらうというサービスが可能に

□アパレルの分野においても月額固定料金サービスが普及する。毎月定額を払っていれば、季節ごとに似合う服が送られてくるというサービスも実現可能に

□月額固定料金は中古品にも拡大する可能性が高い。その結果クリーニング店というサービスは業態転換を迫られるかもしれない

客を「待つ」から「攻める」へ対話型ＡＩの得意分野は複数の業界をつなぐ

小売

モノを消費者に販売する小売という業態は、時代がどのように変わっても、消滅することはないだろう。

ネット通販の拡大で、店舗を構える小売店は大きな影響を受けると考えられているが、すべての販売がネットにシフトするわけではないので、やはり店舗という形態も存続することになる。

だが、社会のＡＩ化によって、小売というビジネスの概念は根本的に変化すると思った方がよい。また、人口の都市部へのシフトと、それに伴うライフスタイルの変化による影響も大きい。見た目は従来と同じ小売店でも、その中身はまったく異なるものになると認識すべきである。

すべての小売店がネット化を迫られる

元来、小売店というものは、商品を並べて不特定多数の顧客が来店するのを待つという「受動的」なビジネスであった。

だがＡＩ社会では、顧客がどのような人物で何を望んでいるのか店側があらかじめ知ることができるので、**小売は能動的なビジネスとなる。**同じ小売という業態でも、両者はまったく異なる存在と考えた方がよい。

業態転換の発端はネット通販の台頭である。

２０００年頃から普及が始まったネット通販ビジネスは完全ではなかったものの、能動的な小売ビジネスの道筋を開く役割を果たしてきた。ネット通販がここまで急激に普及したのは、店舗に行かなくても買えるという利便性だけが理由ではない。

アマゾンのお勧め商品がもっとも典型的な例だが、**ネット通販では顧客の情報を事業者が解析できるので、**顧客が欲しがる商品を能動的に売ることができる。時には顧客の隠れたニーズを掘り起こすことさえ可能だ。

これに加え、**店舗面積という制約がないので、無数の商品を陳列できる。**その結果、リアルな店舗よりも顧客の満足度が上がり、販売単価も上昇することになる。

かつてネットの普及が進み始めた段階では、ネットとリアルをどう融合するのかが大きな課題だった。だがＡＩの進歩によって、不特定多数を相手にするリアル型のビジネスは大幅に縮小する可能性が高まってきた。

利用者の状況を把握した上で能動的に働きかけるという意味において、多くのビジネスがネット型に移行しつつある。実店舗があるのかネット上の店舗なのかというのは大した問題ではない。**誰にどのようにして商品を売るのかという本質的な部分において、すべてがネット化する**と考えるべきである。

では、ＡＩ時代において、小売店は具体的にどう進化するのだろうか。カギを握るのは、このところ注目を集める機会が多くなった会話型ＡＩスピーカーである。

２０１７年は日本における会話型ＡＩスピーカーの元年となった。

ＩＴ企業であるＬＩＮＥは同年7月、会話型ＡＩスピーカーである「クローバ　ウェーブ」の先行発売を開始し、10月から本格的な販売に踏み切った。同じタイミングでグーグルが同様のＡＩスピーカーである「グーグルホーム」を、11月にはアマゾンが「エコー」の販売をそれぞれ開始している。

米国ではすでに４０００万人近くの利用者が存在しており、生活のインフラとして定着しつつある。

ＡＩスピーカーは、音声認識機能を持ち、各社が提供するＡＩサービスと連携している。利用者が話しかけると、聞きたい音楽をかけてくれたり、知りたいニュースを読み上げてくれる。料理のレシピなどを聞くことも可能だ。

だが、ＡＩと情報をやり取りしているだけでは、単なる便利ツールという位置付けに過ぎず、生活が大きく変化するということにはならない。こうした**会話型ＡＩスピーカーは、モノやサービスの販売につなげてこそビジネス的に大きな意味を持ってくる。**

その点では、すでにネット通販企業として圧倒的な地位を確立しているアマゾンのポテンシャルは高い。

エコーを使えば、欲しい商品を話しかけるだけで購入できるし、いずれは、ＡＩ側が購買履歴などを分析し、足りないものや買い過ぎているものなど、購買についてのアドバイスを行うようになるだろう。

さらにいえば、月額の予算を決めて、その範囲でもっとも最適な買い物をするという使い方もできるようになるはずだ。

先ほど、AI時代にはすべての小売店がネット化すると説明したが、ネット通販だけでなく、**店舗を持つ小売店もAIスピーカーと連携する**ことになる。

LINEはAIスピーカーの発売と前後して、コンビニ大手であるファミリーマートとの提携を発表している。

提携の具体的な内容は明らかにされていないが、ファミリーマートにおける購買データをLINEのAIが分析し、LINEのメッセージング機能を使って最適なクーポンを送付するといった使い方が予想される。会話型AIスピーカーと連動させれば、朝出勤する前に、今日、コンビニで何を買ったらよいのかAIと会話することも可能となるだろう。

店舗側では、誰が何を買いに来るのかある程度、予想が立てられるので、それに合わせて商品の構成を変化させることになる。AI時代においては、店舗の商品ラインナップは店舗ごとにバラバラになっているかもしれない。

店舗ごとに商品構成が異なると、配送などにおいて、かなりの非効率が生じるのではないかと疑問に思う方もいるだろう。だがAIを使えばこうした部分の改善も容易だ。

AI社会の特徴は、一見すると関係ないように見える複数の業界が、有機的に連携してしまうことである。運送業界が小売店の配送と密接に関係するのは、もちろんのことだが、同様に大きな影響を与えるのは、おそらくクルマの自動運転システムである。

コンビニの配送センターの集配業務をAIで自動化すれば、店舗ごとにカスタマイズされた商品をひとつのパッケージにすることはそれほど難しいことではない。ロボットが必要な商品を選び出して、店ごとに段ボールなどに梱包すればよいからである。だが、店舗の在庫がバラバラだと、配送頻度や配送量に偏りが生じ、画一的な配送が難しくなる。

だが、商品の配送網と自動運転システムが結びついたらどうだろうか。**その日の商品構成に沿って、もっとも効率のよい配送ルートや配送パターンをAIが導きだし、自動運転者がその結果にしたがって配送**すれば、それほどコストをかけずにきめ細やかな配送が可能となる。

運送業界の項目でも解説するが、自動運転の時代においては、タクシーとトラックの垣根は消滅する。タクシーが客を乗せる合間に、配送センターからある店舗に段ボール箱ひとつを配送するといった使い方ができてしまうからである。

タクシーはタクシー、トラックはトラック、コンビニはコンビニ、事務用品は事務用品と、それぞれの事業者がそれぞれに画一的な配送網を構築するのが当たり前だったが、ＡＩ時代にはその常識は崩れる可能性がある。一旦、すべての常識を捨てて考えた方が良い。

ドンキはＡＩ顔パスを計画中

小売店の店舗の雰囲気もだいぶ変わるだろう。

ディスカウントストア大手の**ドン・キホーテは、ＡＩを活用した次世代型店舗の展開を計画**しており、基本的なコンセプトをすでに明らかにしている。

ドンキはポイントが使える独自の電子マネー・サービスであるｍａｊｉｃａを提供しているが、会員数はすでに５００万人を突破した。同社のＡＩ活用はｍａｊｉｃａの会員向けサービスが中心となる。

同社がイメージしている次世代型ＡＩ店舗では、ｍａｊｉｃａの会員がアプリをインストールしたスマホを持って来店することを前提にしている。

例えばクルマに乗って来店するケースでは、店舗に近づくとアプリが店舗までの距離や時間を通知するとともに、ゲートに到着すると顔認証システムが作動し、自動的にゲートが開く。顔パスで駐車場に入れるといったイメージだ。

店内においても、今日のおすすめ商品が次々にスマホに紹介されるほか、立ち止まって見ている商品については、詳しい商品説明が提供される。買い物終了後もゲームなどのお楽しみがあり、次の来店を促す仕組みになっている。

ドンキのケースも、**属性がはっきりしている顧客の深掘りという点において、アマゾンなどネット通販と同じ仕組みの延長線上**にある。

セブンは創業以来初の店舗レイアウト刷新に乗り出した

ちなみにドンキは、ファミリーマートとの資本提携を通じて、総合スーパーであるユニーの立て直しにも取り組む予定となっている。ユニーに限らず、総合スーパは苦戦が続いている。

総合スーパーが苦しくなっている最大の理由は、やはり人口動態の変化だろう。総合スーパーは郊外に出店しているケースも多く、人口減少によってそもそもの商圏が縮小している。

また、女性の社会参加が進んだことで、まとめてスーパーで食料品を購入するというケースが少なくなったことも影響している。小売大手の中には、スーパーとコンビニの両方を展開するところもあるが、**コンビニがスーパーの顧客層を取り込む動きが活発化**している。創業以来初となる店舗レイアウトの刷新に乗り出したセブン-イレブンはその典型といってよい。

普段、お店を利用している時にはあまり意識しないかもしれないが、店舗のレイアウトは売上高と密接な関係がある。どの場所にどのような商品を配置するのかで、店舗の業績は大きく変わってくるのだ。

従来のセブンの店舗は、入り口を入ると左手にレジカウンターがあり、右手に雑誌が配置されるというケースが大半だった。雑誌を立ち読みする人が外から見えるようにして、歩行者に来店を促す仕掛けである。

カウンターの近くには、お弁当やチルドの棚があり、反対側には飲料が入る大型冷蔵庫が配置されることが多い。物件の間取りにもよるが、基本的にはどの店舗も同じ方針に沿って商品が配置されている。

新レイアウトの店舗では、入り口の右側に雑誌があるという点は同じだが（店舗によってはイートインも検討している模様）、雑誌のスペースは大幅に縮小され、入り口の左側は冷食の棚となった。レジカウンターは奥に移動し、おでんや揚げ物、コーヒーを拡充するためカウンターが3割ほど長くなっている。雑誌スペースが縮小し、冷凍食品とファストフードが大幅に増えていることがわかる。

今回の**レイアウト変更でセブンが狙っているのは、客単価と利益率の向上**である。セブンの1店舗あたりの平均的な年間売上高は2億3000万円に達するが、これは競合他社と比較して突出して高い（例えばローソンは約1億6000万円程度）。その理由は店舗の立地の良さから、もともとの来客数が多く、それをうまく活用して単価の高い商品を販売できているからである。

セブンの最終的な目的は、**ファストフード類の販売拡大**だろう。コンビニの商品は種類ごとに利益率が大きく異なっているが、**単価が高く、かつ利益率も高いのは、弁当や総菜などファストフード類**である。おでんなど店内での加工が増えるほど利益率が高くなってくるので、販売数量が大きくなるとさらに収益に貢献する。

一方、飲料や菓子などの加工食品は、本部がいくらで仕入れたのかによって利益率が一意的に決まってしまうことに加え、単価はそれほど高くない。販売数量が見込めればという条件付きだが、ファストフードの比率を上げると、店舗の業績は拡大する可能性が高いのだ。

入り口を入ると冷凍食品があり、これを見た顧客は今夜の食事のメニューを考えることになる。奥に進めば、拡張されたカウンターにおでんなどが並んでおり、総菜類も豊富だ。夜の食事を基本にすると、もう1品、ついで買いをする確率が高まるので、客単価も高くなるという仕組みだ。

新しい店舗レイアウトでは、雑誌コーナーに惹かれて来店した単身男性客の比率が低下し、**女性客の割合が高まる**ことになる可能性が高い。

この話は近未来の消費について考える際に大きなヒントとなるだろう。同じ店舗でのビジネスでも、雑誌に惹かれて来店する男性客を相手にするビジネスと、仕事をしている女性客を相手にするのとでは大きな違いがある。

前者はどちらかというと旧世代型、後者は近未来型である。今後の小売ビジネスは、業態にかかわらず、基本的に近未来型に統一されていくだろう。

ポスト新産業革命の小売業界

□AIの進展によって、小売店は、商品を並べて待つという受動的なビジネスから、能動的に顧客に働きかけるビジネスにシフトする

□リアルかネットかにかかわらず、すべての小売店はネット・ビジネスのセンスが要求される

□自動運転システムとの組み合わせで、従来では考えられなかったきめ細かい商品配送が可能に。店舗ごとに商品構成はバラバラになる

□人口動態とライフスタイルの変化で、郊外型スーパーは縮小。コンビニがスーパーの客層を取り込む

外食

世界的に急速に宅配化が進む
居酒屋は消滅へ？

小売店と同様、外食産業も人口動態の影響を大きく受ける可能性が高い。すでにその兆候はあちこちで見られるようになっており、外食チェーン各社は規模の拡大を目指すことが困難になっている。一定規模での均衡を余儀なくされる可能性が高いだろう。

そうした状況でも業績を伸ばせる可能性があるとすると、それは外食の宅配化である。社会のネット化が進むと、外で食事をするのではなく、宅配を使って家で食事をするケースが増える可能性が高い。こうした消費構造のシフトにうまく対応できた外食産業は成長が可能だが、これに追いつくことができなかったところは厳しい展開を余儀なくされるだろう。

マックの復活はホンモノだが……

日本マクドナルドは、2014年に期限切れ鶏肉や異物混入問題を起こし、業績がガタ落ちになった。2014年12月期の決算は218億円の最終赤字に転落。翌年の2015年12月期には赤字幅が349億円に達した。

だが、2016年12月期の決算は、売上高が前年比20％増の2266億円、純利益は53億円の黒字となった。2017年12月期も増収増益となっており、業績は順調に拡大している。

マクドナルドの場合、フランチャイズ（FC）制度を採用しており、マックの各店舗における業績とマクドナルド本体の業績は一致しない。マックが本当に回復を果たしたのかについては、日本マクドナルドの業績に加えて、各店舗の業績がどうなっているのかについても知る必要がある。

マクドナルドの全店売上高は、期限切れ鶏肉問題などが発生した2014年度には4463億円だったが、翌年の2015年度は客足が大幅に減り3765億円まで落ち込んだ。しかし、2016年度は4384億円と2014年度の水準まで戻っている。

もっとも、同社の業績がピークに達していた２０１０年度の全店売上高は５４００億円を突破していた。当時は原田泳幸《えいこう》前ＣＥＯ（最高経営責任者）による拡大戦略の最中であり、当時と比較すれば売上高そのものは増えていない。だが注目すべきなのは1店舗あたりの売上高である。

全店売上高がピークに達する前年（２００９年度）は、直営店舗が１７０５店舗、フランチャイズ店舗が２０１０店舗とかなりの大所帯となっていた。

だが1店舗あたりの売上高は約1億４３００万円と伸び悩んでいた。翌年に限っては店舗数を大幅に減らしたことで増加に転じたが、その後は一貫して減少が続いている。店舗の基礎的な収益力が低下したことが最大の原因である。

原田氏の退任後、後任のサラ・カサノバＣＥＯは、収益力の低い店舗を整理し、経営のスリム化を進めた。その結果、店舗数は２０１６年には２９１１店舗まで減少。店舗数が少なくなれば不採算店舗の比率も低下するので、1店舗あたりの売上高は大幅に増加した。

これに加えて客単価も順調に上がっている。もしマックに対する人気が引き続き低迷していた場合、高い価格帯の商品が多いと客足が鈍ってしまう。**高めの価格設定でも客数が減らなかったということは、マックに対するマイナス・イメージはか**

なり払拭されたとみてよい。一連の状況を考えると、今回のマック復活は見せかけではなく、ホンモノだと判断してよいだろう。

では、マックが今後も業績拡大を継続できるのかというと話は別だ。実は日本におけるハンバーガー市場には6000億円という大きな壁が存在しており、マックはずっとこの壁と格闘してきたからである。

前CEOの原田氏がトップに就任したのは2004年のことだが、当時の日本マクドナルドの全店売上高は約4000億円と現状に近い水準だった。しかし原田氏は就任早々、6000億円程度までなら、すぐにでも売上げを伸ばせると発言し、周囲を驚かせている。

原田氏の根拠は米国との比較であった。

当時の米マクドナルドの全店売上高は2兆円を超えていた。

日本の人口は米国の3分の1だが、マクドナルドの全店売上高は米国の5分の1しかない。日本におけるマクドナルドの知名度は極めて高いことを考えると、米国と日本の人口比から売上高が6000億円を突破しても不思議ではないというのが原田氏の論理であった。

実際、**グローバルブランドとして通用している商品やサービスでは、全世界の売上高に対する日本市場の比率は10％以上になることが多い。**

当時のマクドナルドの全世界の売上高は約５兆円だったが、日本市場の割合が12％と仮定すると６０００億円と計算される。

原田氏はこうした目算から売上高の拡大に邁進したわけだが、５４００億円を境に売上高は失速に転じ、現在に至っている。

日本経済が拡大基調であれば、グローバル市場の一般法則を日本市場にも適用することは容易だったかもしれない。だが、日本経済は失われた20年によってかなり疲弊している。しかも人口減少という構造的な問題を抱えており、外食産業に落ちるお金はさらに減少する可能性がある。もしかすると**マックはこの壁をあえて越えない方が得策かもしれない**のだ。

縮小均衡を目指すべき時代が来ている

同じような壁は居酒屋の業界でも見られる。

２０１７年の秋、一律２８０円という低価格を武器に業容を拡大してきた居酒屋チェーン「鳥貴族」がとうとう値上げに踏み切った。

原材料や人件費が高騰しており、これが同社の収益に悪影響を及ぼしつつあるというのが直接的な理由である。だが、同社の拡大戦略がそろそろ頭打ちになりつつあるという事情も関係している。

実は**居酒屋の業界には600店舗付近に大きな壁**が存在しており、この壁を乗り越えることは実はそう容易ではないのだ。

鳥貴族の躍進が話題になる以前、勢いがある居酒屋チェーンといえば「ワタミ」であった。ワタミは現在の鳥貴族と同様、ハイペースで業容を拡大してきたが、2014年を境に業績が悪化した。2014年と言えば、同社の店舗数が過去最大の約650店舗になった年である。

ワタミはもともと居酒屋チェーン「つぼ八」のフランチャイズとして事業をスタートしたが、つぼ八も、かつては破竹の勢いで全国展開し、ピーク時には600近い店舗を構えていた。しかし現在ではワタミに完全に追い抜かれ、280店舗と規模の小さい展開を余儀なくされている。

つぼ八も、そこから派生したワタミも600店舗あたりを境に業績がピークとなっている。鳥貴族の店舗数は2017年末に600店舗を突破した。同社は202

2年に1000店舗の展開を目指しているが、600店舗までの拡大と、そこから先の拡大には大きな違いがある。仮に実現するにしても容易ではないだろう。

当たり前のことだが、理屈上、**外食産業は人口以上の拡大を実現することは難しい**。しかし、従来なら顧客の来店頻度を上げるなど、人口が増えなくても、市場のパイを大きくすることは可能であった。だが、そうした考え方もそろそろ限界に来ている可能性が高い。

今後は地方から都市部への**人口の移動が進むので、都市部では商圏を維持できる可能性が高いが、地方や郊外は逆に商圏が縮小する。**外食産業は、こうしたマクロ的な動きの中で、一定の均衡を目指していく方向性となるだろう。

社会のネット化が進むとデリバリーが増えるのは万国共通

こうした中、**今後も市場の拡大が見込めるのがデリバリー（宅配）**である。

時代の一歩先を行く米国では、外食産業の宅配シフトが急ピッチで進んでいる。米マクドナルドや米ウェンディーズは相次いで宅配メニューを強化しており、店舗と並んで大きな収益の柱となりつつある。

これはあらゆる業種において同じ傾向であり、背景には社会のIT化によるライフスタイルの変化がある。米国は日本と比較すると社会のＩＴ化がかなり進んでいるが、スマホの普及はこの状況に拍車をかけた。

スマホが普及したことで、個人完結する仕事が増え、仕事の進め方も柔軟になった。連れだってランチに繰り出す光景は減り、ウーバーイーツなどでデリバリーを頼んで仕事をしながら昼食を取る人が増えた。このため**米国ではレストランの売上げが激減**しているという。

家に帰れば、ネットフリックスなどの動画サービスがたくさんあるので、外で友人と遊ぶより、家に集まって楽しむ機会が増えているという。当然、こうした場では食事がセットになるのでデリバリーの利用も拡大することになる。

この動きは確実に日本にも波及してくるだろう。

すでに動きの速い業界では宅配シフトに乗り出している。

牛丼の吉野家は、出前館と提携し宅配のサービスをスタートさせた。第１章でも触れたが、出前館はＬＩＮＥデリマという宅配ポータルと提携しており、ＬＩＮＥ経由で注文ができる。この状況に会話型ＡＩスピーカーが加われば、家の中はさらに楽しくなるはずだ。

これに加えて日本の場合、受動喫煙対策がなかなか進展しないことが、外食の宅配シフトを加速するかもしれない。

政府は、東京オリンピックの開催を控え、公共の場所を原則禁煙とした本格的な受動喫煙対策の導入を検討してきた。

日本の受動喫煙対策は先進国では最低レベルとなっているため、国際オリンピック委員会や世界保健機関といった国際機関は、日本に対して状況の改善を求めている。また、国内の司法判断においても、受動喫煙は吸わない人に危害を加える行為であるとの見解がたびたび示されるようになってきた。

こうした流れを受けて、公共の場所を原則禁煙とする受動喫煙防止法案が立案されると、自民党内から反対の声が続出。与党内で意見の取りまとめができず、法案を提出できないという状況が続いてきた。

原則禁煙にしてしまうと小規模な店舗の経営ができなくなるというのがその主な理由だが、原則禁煙にした場合、店舗の売上げがどう推移するのかについては様々な見解がある。ちなみに厚生労働省が2016年8月にまとめた「たばこ白書」では、全面禁煙化によってマイナスの経済影響は認められなかったという海外の調査結果が示されている。

原則禁煙の是非はともかく、**このまま受動喫煙防止法が導入されなかったり、あるいは内容が骨抜きにされた場合、外食の宅配シフトがさらに進む可能性がある。**

現在、日本の喫煙率は約20％なので、絶対数としてはたばこを吸わない人の方が多い。年齢別の喫煙率を見ると、20代の喫煙率は年々低下が進んでおり、若い人ほどたばこを吸わないという傾向が顕著となっている。

今は喫煙を目的に積極的に来店する中高年が外食産業を支えているかもしれないが、10年先の喫煙人口の割合が大きく変わることは間違いない。

この時、店舗が依然として喫煙可だった場合、若い世代はもはや店舗には行かなくなるだろう。下手をすると居酒屋という業態がなくなっている可能性すらある。

ポスト新産業革命の外食産業

□人口減少から、外食産業は継続的な市場拡大が難しくなっている。縮小均衡を目指す動きが活発化する可能性が高い

□社会のIT化はデリバリー市場の拡大を促す。米国では昼にランチを食べに行く人が減っている

□家には動画サービスなど豊富なコンテンツがあるので、外食が減る。大手外食チェーンの一部はすでに宅配シフトを進めている

□日本では十分な受動喫煙対策が実施されない可能性が高い。その場合、外食の宅配シフトがさらに加速することになる

運送

シェアリング・エコノミーの可能性
人手不足が一転して人余りに
ヒトの移動はタダになる!?

運送業界は、もしかすると小売や外食以上にＡＩ化の影響を受けることになるかもしれない。現在、運送業界は慢性的な人手不足といわれており、ヤマト運輸の値上げも人手不足とネット通販の台頭が原因とされている。

だが、新しい時代においては、運送業界はたくさんの余剰人員を抱えている可能性がある。カギを握っているのは、ＡＩと自動運転システムの普及である。

人手不足なのは今だけ?

２０１７年秋、宅配便最大手のヤマト運輸とアマゾンは、配送料の値上げについて合意に達した。

ヤマトは佐川急便がアマゾンの配送業務から撤退したことを受けて、この業務に参入。ヤマトが配送した宅急便の荷物の総数は、2015年度は17億3100万個、2016年度は18億6700万個だったが、**アマゾンからの依頼は全体の1割以上を占めたとも言われている。**

アマゾンの配送が急増することは予想できていたはずだが、ヤマトは十分な対策を実施せず、一部の営業所ではサービス残業が横行する事態となった。こうした状況を受けてヤマトは取扱量の削減と値上げの検討を開始。個人向けについては15%程度の値上げを実施した。

しかし、問題の発端となったアマゾンをはじめとする大口顧客との価格交渉は難航し、なかなか交渉をまとめることができなかった。

アマゾン向けの配送は数が多いため、料金が安く設定されており、平均すると300円前後だったとも言われる。最終的にヤマトとアマゾンは4割程度の値上げで合意したとされている。

客観的に見れば、アマゾンの荷物が急増することは予想できていたことであり、相応の体制を組むか、一定以上の配送は断るという選択肢がヤマトにはあったはずだ。十分な準備をせず、従業員に不当な労働を強いていたヤマトの経営陣に責任があるのは明白といってよいだろう。

だが、一連の出来事については、一部から消費者が便利さを強く望むことが原因との声も上がっており、国内ではちょっとした論争となっている。

産業の歴史を振り返ってみると、利用者にとって利便性が高く、かつ物理的に実現が可能なサービスについて、便利すぎるのでよくないという理由で普及が妨げられたことは一度もない。

即日あるいは翌日配送のニーズは高まることこそあれ、低下する可能性は低いと考えられる。サービス残業などは論外だが、採算が合うギリギリの範囲で、より便利なサービスが追求されるだろう。

問題は物理的に可能かという点だが、便利なサービスは人手不足が原因で頓挫してしまうのだろうか。筆者はそうは思わない。

米国では、アマゾンなどの通販事業者が、個人に直接配送を依頼するシステムがすでに稼働している。スマホで事前に配達人の登録をしておくと、どのような荷物の配送依頼があるのかがアプリでわかるようになっており、条件に合う配送があれば、自分がその配送を行って料金をもらうことが可能だ。

例えば、東京から横浜まで仕事で移動することが決まっている人がいたとする。

もし同じ時間帯に東京から横浜に配送する荷物があれば、スマホ上で申し込み、東京の配送センターから荷物を受け取って横浜に運び、完了後に配送料を受け取る。その人にとってはもともと移動が決まっていたことなので、もらった配送料は完全な副収入だ。

中国ではこうしたサービスがかなり普及しており、昼休みにアルバイト代わりに配送業務を請け負う個人がたくさんいる。

これは**一種のシェアリング・エコノミー**ということになるが、こうした形で配送業務が一般に開放されると、従来では考えられなかった数の配送要員を確保できる可能性が見えてくる。

この配送システムに自動運転のインフラが加わると革命的な事態となる。

自動運転車が普及した場合、クルマを占有する必要がなくなることはすでに述べた。行動パターンがバラバラな複数の利用者で1台のクルマをシェアすれば、自分が使いたい時だけ、あたかも自分のクルマであるかのような使い方ができる。

だがそれでも、昼間の時間帯ということになると、一部の営業マンを除けばクルマに乗るケースは少なく、駐車場にとめておくだけとなる可能性が高い。だが、駐車場を確保するとクルマのレンタル料が高くなってしまい、シェアリングが利用しにくくなる。

ここで重要な役割を果たすのが、小売店などの配送業務である。先ほど筆者は、小売ビジネスの項目において、未来の店舗は、来店者に合わせた、きめ細かい商品ラインナップになると予測した。しかし店舗ごとに商品構成がバラバラというのは、一括配送システムとの相性が悪い。

ところが、**昼間の時間帯に空いているシェアリングの自動車を、こうした小規模配送に利用する**ことができれば、小売店はきめ細かいリアルタイムの配送を安いコストで実現できる。

大量に売れることがわかっている商品については、従来と同様、大型の配送車が定時に商品を搬入すればよい。だが、ＡＩ型店舗では、ある商品について、ＳＮＳを使って特定の個人に推奨することで確実に販売できるというケースが出てくる。その個人が位置情報システムから近くのオフィスにいることが明らかな場合、商品を用意しておくメリットは大きいはずだ。

こうしたケースでは、商品1個、2個というレベルでの配送が必要となるわけだが、これを従来型の配送網で実施するのはあまりにも効率が悪い。

だが、昼間にアイドル状態になっているカーシェアのクルマを使うのであれば、キャラメル1個からでも配送ができる。仮に配送料が10円であっても、シェアリングの利用者からみれば、月々の利用料から割り引いてもらえるので、十分メリットになる。人を雇っていてはとても実現できないような小規模定額配送も、自動運転車なら実現できてしまうのだ。

さらにいえば、現時点においても、運送業界はコスト配分の最適化が実現できていない。

ヤマトをはじめとする大手の運送会社は、実は、多くの零細運送事業者を下請けとして使っている。こうした下請けの運送事業者は個人事業主であることも多く、中には労働者として保護されないまま、厳しい環境で仕事に従事するケースもあるといわれる。

確かにヤマトはアマゾンから安く受注してしまい、仕事が回らなくなってしまったかもしれない。アマゾンが支払った300円台の配送料は、正社員が配送を行っているヤマトとしては安すぎる価格といってよいだろう。だが同時にヤマトのような大手運送会社は、下請け事業者に対しては、場合によっては1個100円台という価格で配送を委託している。

こうした**零細事業者からみれば、仮に250円で配送を依頼するネット通販企業が現れた場合、大手の下請けとして仕事をするよりもはるかに労働条件がよくなる**可能性がある。

物流のコストを適正化していくためには、正社員や契約社員に対して決められた賃金を支払うのはもちろんのこと、下請け業務に従事している事実上の労働者についても相応の報酬を支払うなど、業界全体での取り組みが必要となるはずだ。このあたりは、まだまだ改善の余地があるとみてよいだろう。

こうしたことを総合すると、人手不足によって業務が回らなくなっており、利用者は配送について我慢しなければならないという話は、あくまで物事の一面だけを切り取ったものに過ぎないことがわかる。業界全体の構造と技術革新の両方を考慮に入れないと正しい答は導き出せないだろう。

条件によっては移動がタダになる?

自動運転システムとEVの普及は人を乗せる運送サービスの姿も変える。

先ほど紹介した自動車シェアのシステムは、タクシーでもなければレンタカーでもないため、従来の概念では分類ができないサービスということになる。おそらく**近未来においては、タクシー、ハイヤー、レンタカー、シェアリングの垣根は限りなく低く**なり、その区別が難しくなるだろう。

一方、行政側はこれら4つを明確に区分しており、それぞれに異なったルールを適用している。だが新技術の普及が急ピッチで進んでしまうと、常に規制が現実の後追いとなってしまう。それだけならよいが、行政のルールが追いつかないせいでサービスの普及が妨げられてしまうようでは本末転倒である。

先進的な考えを持つ一部のタクシー事業者は、究極的には無料タクシーが登場する可能性も考慮に入れている。

自動車産業の項目でも解説したが、ガソリン車からEVへのシフトが進むと、クルマのコストが劇的に安くなる。EVは部品点数が少なく、しかも多くがモジュール化されているので、低価格で部品を調達できるからだ。しかも、構造が簡便であることから、製品の寿命もガソリン車に比べて大幅に伸びると言われている。

ガソリン車は一般的に走行距離20万キロ台が寿命とされるが、EVの場合にはこれを2倍程度に伸ばすことも不可能ではない。**仮にコストが半分で走行距離が2倍ということになると、ＥＶの運用効率はガソリン車の4倍**ということになる。

これに加えて、タクシーにおける最大の費用項目である人件費がゼロになり、システムの利用料だけで済む。

例えば、ある動画広告を閲覧し、指定されたショップに来店するのであれば、そこまでのタクシー料金をタダにするといったことがＥＶ自動運転タクシーの場合には簡単に実現できてしまうのだ。

個人が行きたい場所、その個人の現在地、企業が宣伝したい材料や宣伝したい相手、こうした**無数の情報をＡＩが同時処理し、うまくマッチングできれば、都市部の移動の多くをタダにする**といったことも不可能ではない。

自動運転システムとＥＶ、そしてＡＩ社会というのはこうした可能性を秘めている。ここまでくると、タクシーといった運送事業はもはや運送事業ではなく、個人や企業のニーズを取り持つ、ＩＴサービス企業ということになるだろう。

ポスト新産業革命の運送業界

□歴史を振り返ると、便利過ぎることがよくないという理由で、技術やサービスが停滞したことはない

□現時点では、即日配達などに批判が集まっているが、このニーズはなくならない可能性が高い

□AIを使えば配送要員を一般から募集することも可能であり、諸外国の一部では現実化している

□自動運転システムが普及した場合、条件によっては移動や配送がタダになる可能性もある

不動産・住宅関連

日本の土地神話は崩壊し、不動産の価値はすべて収益で決まる下請けだった工務店の未来は？

不動産ビジネスは人口動態との関係が密接である。

土地神話という言葉に代表されるように、日本人は不動産に対して強い思い入れがある。だが**新しい時代においては、不動産の価値はすべて収益をベースに算定される**ことになるだろう。

賃貸住宅やオフィス、店舗として利用価値のある不動産は高い価格を維持できるが、収益の見込みがないエリアの不動産価格は大きく下落する。場合によってはどれだけ値段を下げても買い手が付かず、事実上、無価値になってしまう不動産も多数出てくる可能性が高い。

不動産の役割そのものも大きく変わっているはずだ。

都市部への人口集約が進んだ場合、住宅を所有するのではなく、生涯、賃貸で生活するという人も増えてくるだろう。家具とセットで賃貸したり、各種サービスと組み合わせて賃貸するなど、**多様な契約形態が広がる**可能性が高い。

リフォームや家具など、住宅に付随した製品やサービスも変貌を遂げる。ＡＩやロボットを使えば、最適なサイズの家具やホームファッションを安価に製造できる。不動産の使い方はより柔軟な形になっているだろう。

不動産の価値はすべて収益で決まる

これまで日本においては地価というものは、エリアごとに一律に決まってくるものだという認識が強かった。一等地と呼ばれるところなら、どこでも地価は高く、そうではないエリアでは安くなるという考え方である。

社会が単純で、ライフスタイルも画一的だった昭和の時代までは、こうした仕組みもうまく機能したが、これからはそうはいかなくなる。諸外国ではすでに一般的だが、不動産の価値は、場所ではなく、その不動産が生み出す収益によって決まってくる。

賃貸に出した場合にはいくらで貸すことができるのか、売却する場合にはどの程度、購入希望者がいるのか、他の用途に転用した場合には、いくらの収益が見込めるのか、といった観点で不動産を見ていく必要がある。

米国では、すぐ隣のエリアにある同じ広さの家が、自分の家よりも2倍も高いというケースはザラにあるが、日本でも似たような状況になってくるだろう。


ようやくメディアでも取り上げられるようになったが、ここ数年、郊外の戸建て住宅を中心に不動産の価格崩壊が起こっている。

人口減少は単純に人の数が減るだけではない。人口が減ると、経済活動を維持できないコミュニティが増え、都市部への人口シフトが発生する。このため、人が集まるエリアとそうでないエリアへの二極分化が起こる。

郊外で開発されたいわゆるニュータウンが典型だが、同じ属性の住人が同じタイミングで住み始めたエリアは、住人が高齢化すると人口が激減するケースがある。子供は独立して便利な都市部の賃貸住宅に住むので、若い人が少なくなる。こうした街には新しく人が入ってこないので賃貸の需要がない。

これに加えて、駅からの距離が遠い戸建て物件は、買い手もなかなか現れず、結果的にいくら値段を下げても売れないという状況に陥ってしまう。

都市部なら安泰というわけではない。

従来であれば、駅からの距離は物件の価格にそれほど影響せず、築年数でおおよその価格が決まっていた。だが、今後は**都市部であっても、駅からの距離が遠く、賃貸需要が見込めない物件の価格は築年数にかかわらず下落**するだろう。

一方、**駅からの距離が近く、利便性の高い物件であれば、築年数が古いものであっても価値を維持**する可能性が高い。

これからの時代には、不動産はすべて、その不動産が生み出すキャッシュフローがいくらなのかに左右されると思ってよい。

不動産の価格が収益をベースに算定されるということになると、金融資産としての活用にも大きな違いが出てくる。

日本は不動産を活用した金融商品の開発が進んでいなかったが、その理由は、不動産価格が収益還元で決まらなかったからである。だが収益還元による価値の算定が一般的になると、市場の流動性が高まり、**一部の優良な不動産は金融サービスの対象**となる。その良い例がリバースモーゲージだろう。

このところ、**自宅を担保に老後資金を融資するという「リバースモーゲージ」を**取り扱う金融機関が増えている。

リバースモーゲージは、自宅を担保に資金を借りることができる商品で、高齢者が家に住み続けながらローンを組めるというところに特徴がある。居住用の不動産は、一部の例外を除いて、賃貸に出すなどの収益化ができない。相続する予定がない高齢者の場合、自宅は宝の持ち腐れになってしまう。

だが**家を担保にお金を借りる**ことができれば、その資金を必要な支出に回して、生活の質を上げることが可能となる。

リバースモーゲージというのは、利用者が自宅を担保にお金を借りるという意味では借金だが、基本的に返済の必要はない。**利用者が亡くなった後、自宅は銀行に渡り、それで取引は終了**となる。

公的年金の支給額は今後、減少が予想されるので、リバースモーゲージは普及が期待されるところだが、この商品がうまく機能するためには、不動産がいつでも適正な価格で売却できる環境が必要となる。家を引き取った銀行が、相応の価格で売却できなければ、商品自体が成立しないからである。

これまでの時代なら、老後の生活水準を決める要素は、年金の支給額と自宅を所有しているかどうかの二つしかなかった。だが今後はこれに加えて、**不動産の価値が維持できるのか**という三つ目の要素が入ることになり、しかも、この要素が老後の生活水準を大きく左右することになる。

もし不動産に対する投資を考えているなら、収益という視点を絶対に忘れてはならない。今の価格が維持される保証はないし、現時点では割安というレベルであっても、将来は無価値に転落する可能性もある。

この分野にもネット企業の影響力が及ぶ

不動産の二極分化が進んでくると、必ずしも住宅を所有することが得策とは限らなくなる。今後は都市部を中心に、生涯、賃貸で通す人が増えてくるだろう。また所有物件についても新築の割合が減少し、中古物件をリフォームするケースが増える可能性が高い。

本章の生活関連ビジネスの項ではヤマダ電機やニトリのケースを取り上げたが、住宅のリフォームなど、「住」に関連するビジネスは今後、さらに拡大の余地がある。

日本の住宅市場は、ハウス・メーカーや住設機器メーカーの影響力が強く、利用者に近い立場にいる工務店は大きな力を持っていなかった。極論すると、工務店はメーカーの販売代理店であり、一種の下請けですらあった。

だが、こうした重層的な産業構造もＡＩ社会の到来によって大きく変わろうとしている。他の分野と同様、この業界についても風穴を開けようとしているのは、アマゾンやグーグルといったＩＴ企業である。

アマゾンは２０１７年９月、オフィス用品やプロ向け資材を法人・個人事業主に提供する「アマゾンビジネス」のサービスを国内でもスタートさせた。

アマゾンビジネスはアスクルに対抗したサービスとイメージされており、実際にそうした面が大きいのは事実だが、アマゾンのターゲットは、オフィス用品の分野だけではない。**アマゾンビジネスが日本でも成功した場合、もっとも大きな影響を受けるのは、プロ向け資材の分野**である可能性が高い。

アマゾンビジネスのサービスは米国では２０１５年に始まったが、スタート開始直後から一気に普及が進み、工具や資材の調達をアマゾンで行うというのは、もはや常識となった。

日本ではこうした資材類をネット販売する企業としてはモノタロウがよく知られている。同社は米国のプロ向け製品の販売会社グレンジャーの子会社で、日本では住友商事との関係が深い。

モノタロウはプロ向けのアマゾンという位置付けであり、メーカーや卸から仕入れた商品をネットで販売している。工務店など資材を必要とする顧客は、モノタロウを使えば、複数の商品を一気に検索し、仕様や価格を比較できるので非常に便利である。

すでにモノタロウは日本で多くの利用者を獲得しているので、後発のアマゾンが同様のビジネスを行ってもそれほど脅威にはならないように思える。だが株式市場の反応はそうではなかった。

アマゾンビジネスの開始が伝えられると株式市場では、モノタロウの株価は3500円から3200円まで急落した。**アスクルよりもモノタロウの下落幅が大きかったことが、問題の本質をよく表わしている**といってよいだろう。

その理由は、アマゾンの商品ラインナップにある。

モノタロウも外資系企業だが、住友商事との関係が深いことから、日本国内では「和」が重視された。既存の国内メーカーや卸などとの友好関係を維持しており、これがモノタロウを成功に導いた要因でもあった。

だが、アマゾンからこうした雰囲気はあまり感じられない。その証拠に、最近、アマゾン内において、中国メーカーがプロ向け資材を破格の値段で販売するケースが増えている。**アマゾンビジネスの開始をきっかけに、中国企業が本格的に日本市場に進出してきた場合、日本のメーカーや卸にとっては脅威**となる可能性がある。メーカーを頂点にしたヒエラルキーが崩壊するリスクが出てくるのだ。

逆に言えば、**能力のある工務店なら、メーカーや卸の縛りを気にすることなく、顧客が望むサービスを自由に提供できる**ことになる。

この動きはAIスピーカーとも関係している。

グーグルホームやアマゾンのエコーといったAIスピーカーには家電を制御する機能がすでに組み込まれている。米国では、この基準に準拠した電球やコンセントなどが無数に販売されており、その気になれば、スマートホームを自由自在に設計できる。

日本では製品やサービス体系が、電機メーカーや住設機器メーカーごとの縦割りとなっており、利用者が欲しい製品を自由に組み合わせて使うことは容易ではない。だがグーグルホームやエコーに対応した電気製品が増えてくれば、この分野にもオープン化の波が押し寄せてくる。かつて**パソコンの世界で起こったような出来事が、**

住宅の分野でも発生する可能性があるのだ。

住に関する業界がオープン化すれば、あらゆる製品で価格破壊が起こることは容易に想像がつく。一方でそれは、極めて安価なコストでカスタマイズした住宅を提供できるということでもある。

そうなってくると賃貸マンションといった不動産ビジネスも、**単に住宅を貸すだけではなく、プラスアルファのサービスを提供するという新しい形態に進化する**ことになるかもしれない。

現在でも、賃貸マンションのサービスの中に、ネット接続が含まれているケースがあるが、これをもう一歩進め、ＡＩスピーカーとそれに接続された家電をセットで賃貸することも可能となる。実際、レオパレス21など一部の事業者はこうしたサービスをスタートさせている。

ＩＴ事業者は、ＡＩスピーカーを通じて、利用者がどんな買い物をしたのか、どのような家電を何時に使ったのかといった情報を吸い上げ、これを販促活動に利用する。利用者は各種情報を提供する代わりにお得なクーポンなどを受け取れるようにすればよい。こうした手法には抵抗感を覚える人もいるかもしれないが、気にしない顧客も一定数存在するのは間違いない。

ポスト新産業革命の不動産・住宅関連業界

□不動産の価格は、すべて収益をベースに算定されるようになる。同じエリアであれば、価格が同じという考え方は通用しない

□新築と中古に対しても価値観の転換が必要。収益性が高ければ中古でも価値を維持するし、収益性が低ければ新築でも価格は下がる

□リバースモーゲージなど不動産を活用した金融商品が増える

□ネット通販の台頭がリフォーム市場を大きく変える。不動産賃貸もAIとセットにしたビジネス・モデルにシフトする

メディア・コンテンツ

マイクロペイメント方式で有料課金が増える
主流の広告依存型モデルは消耗戦に

メディアやエンターテインメントなど、コンテンツに関連する業界は、基本的に有料化が進む分野と、無料化の流れがさらに加速する分野に分かれてくるだろう。

有料化が進む可能性が高いのは、ニュースなどのメディア運営事業である。一方、音楽コンテンツは定額利用と無料化に二極分化する可能性が高い。映像はその中間地点かもしれない。

ネット広告の単価は急激に低下している

これまでニュースを中心としたメディア事業は、基本的に無料でコンテンツを提供し、サイト内に配置した広告によって収益を確保するというスタイルが主流であった。こうしたネット広告のインフラを握っているのが米グーグルである。

これまでグーグルは、ＩＴ業界のリーダーとして驚異的な成長を続けてきた。同社の業績は絶好調だが、その中身をよく観察すると、ネット広告の限界を示唆する現象も垣間見られるようになっている。おそらくグーグル自身もそれはよく理解しているはずであり、近い将来、従来型広告モデルは大きな転換点を迎える可能性が高い。

よく知られているように、グーグルの主な収益源は広告料金であり、大雑把にいうと、広告収入は広告クリック数（ペイドクリック数）とクリック単価（ＣＰＣ）の積で決まる。同社が収益を拡大させるためには、広告のクリック単価を引き上げるか、クリック数の絶対値を増やすかの二者択一あるいはその両方となる。

広告のクリック単価は基本的にはオークションで決まってくるので、同社が恣意的にコントロールすることは難しい。結局のところＰＶ（ページビュー）を増やす施策を行って、その中で広告配分を最適化し、もっとも単価の高い入札を促していくという戦略にならざるを得ない。

ここ数年、グーグルは広告単価の下落に悩まされている。

同社全体の広告単価は過去５年間で約半分に下落した。もし広告のクリック数が変わらなければ、同社の売上高も半分になってしまうが、それでも同社が成長を続けることができたのは、クリック数の絶対値が大幅に伸びたからである。

同社の業績は、広告単価の下落をクリック数の増加が補うことで増収を維持する図式であり、2017年4~6月期はその傾向がさらに顕著となった。クリック単価は前年同期比で23%の減少となり、ここ数年では最大の下落幅である。一方、広告のクリック数は52%増と、これまでにない伸びを記録した。

この状況についてどう解釈すればよいのだろうか。

グーグルは以前からクリック単価の下落について、ユーチューブの動画広告拡大の影響が大きく、見かけ上のものに過ぎないと主張している。ユーチューブの広告は、利用者が見たい動画を閲覧する前に再生される仕組みとなっており、利用者が動画をクリックするか、一定時間以上閲覧した場合にのみ料金が発生する（再生だけで課金されるパッケージもある）。

検索エンジンを使った従来型の検索連動広告とは課金のタイミングが異なるため、全社的なクリック単価と動画広告の広告単価には乖離が生じるというのがグーグル側の見解である。

しかしながらグーグルは、検索連動広告と動画広告における個別の業績は開示しておらず、動画広告がどの程度、収益に貢献しているのか、従来型広告における単価下落がどの程度なのかはわからない。

ただ、動画コンテンツの視聴が急増し、ネット広告に占める動画広告の比率が上昇していることを考えると、動画広告が売上高の伸びに大きく貢献していることは間違いないだろう。

一方、クリック単価が低下しやすいモバイル広告についても、広告全体に対する比率は依然として上昇が続いている。そうだとすると、**動画広告における広告単価も、従来型広告における広告単価のトレンドもそれほど変わらないのではないかとの推測**が成り立つ。

これまでもグーグルがクリック単価の大幅な下落に直面したことはあったが、そのたびにモバイル利用者の増加や動画サービスの拡大など、ボリュームを稼ぐ材料が出てきたことで、単価の下落をカバーすることができた。今のところ、動画サービスの登場を上回る効果をもたらす新しいコンテンツは出てきていないため、今後も飛躍的なPVの伸びを継続できるのかは何ともいえない。

一方、AIが企業の現場に浸透するにつれ、一般的なWeb媒体については、同じ労力でより多くのコンテンツを作成できるようになってきた。

2016年、キュレーション・サイトが他のサイトに類似したコンテンツを大量掲載していたことが発覚し社会問題となった。こうしたキュレーション・サイトではAIを使って他サイトの記事を自動的に改変することで記事を大量生産するとともに、コピーが見破られないよう工夫していた。これは悪い活用例だが、それほどレベルの高くない記事であれば、AIで大量生産が可能な時代に入っている。

ネット全体の閲覧数が大きく伸びない中で、コンテンツの分量だけが増えることになると、コンテンツ提供者1人あたりの収益は大幅に減少することになる。一般的なコンテンツに限って言えば、**広告に依存したモデルは消耗戦のフェーズ**に入ったと考えてよいだろう。

ニュースコンテンツはいずれ少額課金に移行する

こうした状況はグーグルもよく理解しており、部分的には広告依存から脱却するような動きも見せている。一部の広告について、利用者がブロックできる機能を同社のブラウザに追加したのはその典型といってよい。

具体的には、ポップアップ広告、音声付きの自動再生型動画広告、カウントダウンタイマーを表示する形式の広告などが該当する。これらの広告はネット閲覧時に邪魔になることも多く、一部の利用者に不快感を与えている。

広告は同社の収益源であるにもかかわらず、こうした決断を行ったのは、最終的には**利用者からの支持が得られなければ、広告ビジネスは成立しない**と考えているからにほかならない。

並行して同社は、**メディアの有料購読を支援する動き**をも見せている。

これまでメディアのサイトについては、1日に3本の以上の無料記事がないと検索エンジンでの順位を下げるというかなり露骨な措置を実施してきた。だが、2017年秋からこの措置を撤廃し、メディア側が有料・無料を自由に設定できるようになった。

また、パスワードの設定や課金などの機能をグーグルが提供することで、面倒な作業を行うことなく、利用者が有料コンテンツを閲覧できるようにする仕組みも検討中だという。

メディア側にも動きが出てきている。

英BBCは、現在無料で公開している記事について、新しい手法を使った有料化を検討していると明らかにした。

現在、有料のコンテンツの多くは、会員を募集し、ユーザーＩＤやパスワードで有料画面に入るという形式がほとんどである。だが、この方式では、その媒体を特に気に入っている読者でなければ有料会員にはならない。

一方、**記事ごとに数十銭から数円といったごくわずかな課金を行うマイクロペイメント方式であれば、多くの人が有料でも閲覧する可能性が高い**。ＢＢＣでは具体的な手法についてまだ明らかにしていないが、何らかの形でわずかな課金を行うシステムの導入を検討している可能性が高い。

こうしたインフラはメディアごとに設置するという考え方もあるが、グーグルのような企業が一括して実施する方が合理的だろう。実際の導入にあたっては、紆余曲折があると考えられるが、時代は徐々に**広告モデルから有料モデルにシフト**しつつある。

将来的には、**ＡＩで大量生産できる一般向け記事は無料の広告モデル**で提供し、**一定以上のクオリティのある記事については、マイクロ課金などを中心とした有料モデル**というのが主流となる可能性が高い。

質の高いコンテンツをネット社会でどう位置付けるのかという問題は当初から議

論されてきたが、マイクロペイメントはそのひとつの解決策となり得る。

音楽の聞き放題サービスは有力な広告媒体になる

一方、音楽コンテンツは有料化がさらに進むという状況にはならないだろう。現在、音楽配信サービスとしては、スポティファイが圧倒的な地位を占めている。同サービスは基本的に無料となっており、あらゆる楽曲が聞き放題だが、無料会員には曲目指定などで機能制限がある。

すべての機能を使うには月額９８０円の有料会員になる必要があるが、同社はすでに1億４０００万人の会員を確保しており、このうち42％にあたる６０００万人が有料会員となっている。

音楽は嗜好品的なサービスであり、音楽サービスの利用者は、そもそも音楽が好きという事情がある。また同社は全世界をターゲットにしているので、一定割合の音楽好きを確保するだけでビジネスとしては十分な水準の収入を確保できる。まさに、ネットならではの現象といってよいだろう。

同社は、今後、有料会員のさらなる増加に邁進するのかというと、そうではないようだ。その理由は、**音楽配信サービスが、広告媒体もしくは販促ツールとして極**

めて大きな潜在力を持っているからである。

曲間にCMを挟むといったオーソドックスな方法に加え、企業とのタイアップなど、**楽曲提供と広告を関連付ける**方法はいくらでもある。**AIを活用すれば、どの曲を聞くと、どのような商品を購入したくなるのかといった解析も容易**だ。特定の商品と楽曲をタイアップさせ、曲の配信後に、ネット通販での購入を誘導するといった形であれば、無料でも十分な収益源となる。

グーグルホームやエコーのようなAIスピーカー経由であれば、利用者が意識しない形で音楽に関連付けた商品を推奨することもできる。倫理上の問題があるので、論争になる可能性はあるが、技術的にはそれほど難しい話ではなく、どこかで線引きが行われる形で早期に導入されるだろう。

有料会員についても、今後、競争が激化すれば、月額の利用料金も低下する可能性がある。ニュースなどのコンテンツと異なり、**音楽コンテンツは、可能な限り安く提供できる道が模索されそう**だ。

もっとも、日本の場合には少し特殊な事情がある。

日本の音楽市場は、先進国では唯一、CD販売が主体のままとなっている。だが

ＣＤで売れているコンテンツは、特定のアイドルなどに偏っており、音楽市場というよりも、どちらかというとコト消費に近い。純粋な音楽市場については、規模は小さいものの、基本的な図式としては諸外国と同じ方向性だろう。

動画コンテンツについては、ニュースと音楽の中間地点となる可能性が高い。

ユーチューブではあらゆる種類の動画を見ることができ、動画再生の基本インフラとなっている。

一方、ドラマや映画を楽しみたい人は、一定範囲までならば月額料金を払うことに躊躇しない。これはネットフリックスなどの事例で証明済みだ。**コストをかけた有料動画と無料動画が混在する**状況が続くだろう。

ポスト新産業革命のメディア・コンテンツ業界

□Webサイトなどの広告モデルは、広告単価の下落をアクセス数の増加が補う形が続いており、そろそろ限界に達しつつある

□AIを使って記事を大量生産することが可能になっている。一般向け記事は特にその傾向が顕著となる

□閲覧ごとに数円あるいは数十銭を課金するマイクロペイメントが模索されている。実現すれば、質の高いコンテンツを中心に、課金モデルに移行する可能性がある

□音楽は月額固定サービスが定着したが、一方で広告媒体としての価値も高い。無料の視聴プランは継続される可能性が高い

第3章

新時代に勝ち抜く方法

既存の常識をすべて捨て去れるか？

「人口減少」と「人工知能」が絡み合う2025年以降の社会は、今とはまったく異なった産業構造になっているだろう。こうした時代を勝ち抜くためには、従来の常識をすべてリセットするくらいの覚悟が必要となる。

本書では、現在、深刻な人手不足に悩まされている宅配業界ですら、一気に人材余剰になる可能性があると指摘した。この予想が的中するのかはわからないが、このくらいのインパクトが各業界にもたらされることだけは間違いない。

人口減少とAI化の進展は、社会の効率化を極限まで追求することになるだろう。人が少なくなり、便利な場所への集約化が進むのだとすると、社会で必要となるモノやサービスは、各人が所有するのではなく、皆でシェアした方が圧倒的に効率がよくなる。

今でいうところのシェアリング・エコノミーとは異なるが、マンションに代表される集合住宅というのも、土地というリソースを皆でシェアするための手法として編み出されたものである。**今後はあらゆるモノやサービスがこうしたシェアリングの対象となる**だろう。

しかもＡＩの技術を使えば、誰がどのようなリソースを欲しているのか、逆に誰がどのリソースを他人に提供したいと思っているのか、たちどころに把握できてしまう。こうした環境においては、想像もしなかったレベルでシェアリングが進む可能性がある。どんな分野であれ「まさかこのような商品までシェアリングの対象にはならないだろう」とは考えないほうがよい。

ビジネスに携わっている人は、自動車や洋服はもちろんのこと、家具や大工道具、さらには営業マンなどの人材に至るまで、シェアリングの対象となるモノやサービスが存在していないのか、真剣に検討すべきである。

さらに大きな視点に立てば、ＡＩが生み出す富を皆でシェアするという概念すら台頭してくる可能性がある。

社会が高度にＡＩ化し、モノやサービスのシェアリングが進んだ場合、わたしたちの生活に必要となるモノやサービスの多くを、機械だけを使って生産・提供することが現実的視野に入り始める。

本書は経済学の書籍ではないので詳細は割愛するが、こうした経済環境では資本分配率が極めて高くなり、資本だけで生産力を拡大できる。つまり**労働者の仕事がなくなる代わりに機械が富を生み出してくれる**のだ。

しかし、いくら機械が富を生み出すことができたとしても、その富を労働者に分配しなければ、労働者が生活できなくなり、結果的に需要も減ってしまう。機械が生み出した富を労働者に分配する手段として一部の識者が提唱しているのが、全員に**基礎的な生活費を一律支給するベーシック・インカム制度**である。

実際にこの制度が実現できるのかはわからないし、こうした制度を望まない人も多いだろう。だが人口減少と人工知能化が高度に進んだ社会では、労働という人間にとっての根源的な常識についても疑ってかかる必要がある。

筆者は第1章で、ＡＩ化によって多くの労働者が、人にしかできない仕事への転職を迫られると書いた。人でなければできない仕事とは果たしてどのようなものなのか、自分が属している業界を手始めに、徹底的に自問自答して欲しい。

買い手市場をとことん追求できるか？

あらゆる業界に共通する話だが、新しい時代におけるビジネスの主役は、売り手ではなく買い手となる。

「ユーザー主導」「顧客本位」など、買い手を中心に据えるという考え方はこれまで何度も提唱されてきた。だが現実には、売り手側の一方的な思い込みであることが多く、本当の意味で利用者中心のビジネスにはなっていなかった。

これはマインドの問題というよりも、技術やインフラなど物理的な要因が大きいと考えてよいだろう。ユーザー主導のビジネスを企画しても、それに合致した製品やサービスを安価に提供することが難しく実現を阻んできた。

だが社会のＡＩ化は、こうした障壁を取り除きつつある。

当初、ネット通販市場では圧倒的な地位を確保していた楽天が、後発のアマゾンに猛追撃を受けているのは、両社の基本的な立ち位置の違いによるところが大きい。

楽天の場合、購入画面上では送料を含めた最終価格がいくらなのかわからないケースが多く、商品がいつ到着するのかもわからない。一方、アマゾンは条件にもよるが、注文する前にトータルの価格と到着日がわかるようになっている。

楽天は出店者からお金を取るモデルなので顧客は売り手（出店者）である。一方、アマゾンは利用者からお金を取るモデルであり、主役は買い手（利用者）である。小さな違いかもしれないが、こうした違いが顧客満足度に大きく影響してくる。

同じように見える家電のラインナップでも、提供側の理屈なのか、利用者側の理屈なのかの違いは大きい。アイリスオーヤマが業績を伸ばしているのは、視点が利用者側にあるからだ。

今後はＡＩによって利用者のニーズをより細かく吸い上げることが可能となる。**利用者ですら認識していなかったニーズを引き出す**ぐらいでなければ、この競争で勝ち残ることは難しいだろう。

買い手主体の市場では、利用者の価値観やライフスタイルに合わせて商品構成が多様化してくる。しかも日本の場合には、都市部へ人口集約が進むので、商品の多様化がさらに進展する。従来とは似て非なる市場なので、企業のマーケティングも大きな変革を迫られるだろう。

トヨタは、戦後、一貫して続けてきた車種ごとのマーケティングやディーラー網の構築をやめ、地域ごとのマーケティングに切り替える決断を行った。このニュースは大きく報道されていないが、極めて重大な決断といえる。

今後は、同じ商品を全国に売るのではなく、地域ごとに特色を持たせた販売戦略が必要となり、企業の組織形態もそれに合わせて変化することになる。

日本では総合商社、総合電機メーカーなど、特定の大企業があらゆる製品やサービスをカバーする事業スタイルが多い。これは途上国などによく見られる産業構造だが、**価値観の多様化が進んだAI社会**にはあまり馴染まない。

場合によっては大手企業の分社化など、経営のコンパクト化や業務の集中化が進むことになるかもしれない。

「所有」ではなく「利用」の概念にシフトできるか？

2025年以後の社会では、現在と比較して所有の概念が希薄化しているだろう。多くの人が都市型の生活を送るようになるので、**土地は所有するというよりも、活用するという概念**が主流となる。自動車が自動運転とEVに対応することで、**クルマをシェアするという形態が一般化**している可能性が高い。

だが、所有の概念が希薄化することについて、単独で理解してしまうと問題の本質を見誤る。所有しない方が利用者にとって利便性や経済性が高くなった結果として、所有の概念が希薄化していくに過ぎない。先に概念の変化があるわけではないという点に注意が必要だ。

この話は結局のところ、**売り手から買い手へのパワーシフトが発生している**という話とも連動している。

一部のクルマ好きを除けば、多くの人はクルマに対して何百万円もお金をかけたいとは思っていない。安く使えるならその方がよいと考える人が多いのだ。しかし、従来の技術や産業基盤では、新車を50万円程度の価格で提供することは不可能であり、当然のことながら運転は自分でしなければならない。こうした制約条件の結果として、クルマは嗜好品で所有する価値があり、値段は高くて当たり前、クルマを運転する楽しみにお金を払う、といった概念が生まれてくる。

大事なのは順番である。先に価格に関する常識や運転する楽しみがあったわけではない。あくまでも制約条件の結果として、一連の概念が生まれてきた。もし**イノベーションによって制約条件が取り除かれるなら、容易にこれらの概念は消滅する**可能性がある。

こうした議論をすると、所有の形態がなくならない分野もあるではないか、との反論が聞こえてくるのだが、これも本質的な理解とは言えない。

ある概念が消滅するには相応の理由があり、**概念がなくならない分野というのは、その前提条件が変化していない**ということを意味している。いくら技術が進歩しても、他人と歯ブラシをシェアしたいと思う人はいないはずだ。こうした分野で変化が起こらないのは当然のことである。

日本人の持ち家信仰についても同じことが言える。

日本で持ち家信仰が根強かったのは、賃貸住宅の市場が未成熟で、質の高い賃貸住宅が提供されなかったことが大きく影響している。家に対する過剰な思い入れだけが原因とは限らない。今後は、住宅の再利用が進む可能性が高く、賃貸サービスも多様化してくるはずだ。その結果として、持ち家信仰が崩れる可能性が浮上してくる。

日本の住宅は、断熱性能が低く、暖冷房効率が極めて悪いなど、改善すべき点がたくさんある。都市部への人口集約によって、古い物件を再利用せざるを得なくなることは、住宅の質を改善するビジネスにとって追い風となるだろう。

一般に人口減少は不動産ビジネスにとって逆風といわれるが、必ずしもそうではない。低所得者向けの住宅や高齢者向けの住宅、介護施設と連携した住宅（法的整備が必要だが）など、**新しいビジネスチャンス**がたくさん転がっている。

狭くても確実にリーチできる商圏を押さえられるか？

技術の進歩によって所有の概念が希薄化すると同時に、今後は猛烈な勢いで人口が減ってくる。土地もモノと同様、所有するものから利用するものへと価値観が変化するだろう。

土地の利用価値が重要視されることによって、場所の格差が拡大する可能性が高まっている。**モノ消費からコト消費にシフト**していることもこの動きを加速させる。

これまで土地の値段は土地そのものに付けられていたので、多少不便な場所でもそれなりの価値が維持された。しかし利用価値に焦点が当たるということになると、土地の値段には大きな格差が生じることになる。

利便性が高く利用価値のある不動産の価値は維持されるが、利便性が低い場所の不動産価格は暴落する可能性が高い。不便な場所に不動産を所有している人は、できるだけ早く物件を処分した方がよいだろう。

ネットの発達によって場所の格差が解消されるとの見方もあったが、現実はむしろ逆方向に進んでいる。社会のネット化は、同時に社会の成熟化をもたらしており、これに伴って消費の主流がモノからコトへとシフトしている。

モノ消費とは異なり、コト消費の場合、一部の例外を除いて、同じ時間に同じ場所にいることが重要となる。今後、コト消費がさらに拡大するのだとすると、人口が集積しているエリアの方が、圧倒的に消費が活発になるだろう。

コミュニケーションのあり方も変化している。

スマホの普及によって場所を選ばず情報収集やコミュニケーションができるようになった。一方で、スマホの台頭はビジネスのスピードを加速させるとともに、単純な知識よりもアイデアや知恵の重要性を高めている。

今や、カフェでのちょっとした雑談からビジネスのアイデアが具現化し、即座にプロジェクトが動き出すというのはごく当たり前の光景である。**多くの人と直接、コミュニケーションが取れる場所にいることは、それだけでかなりのアドバンテージになる**と考えた方がよいだろう。

米国ではすでにこうした動きが顕著となっている。

西海岸にあるシリコンバレーはサンフランシスコ郊外に広がるハイテクの集積地だが、近年、シリコンバレーではなくサンフランシスコ市内に住むエンジニアが急増しているという。

シリコンバレーの地価が高騰して住みにくくなったという事情もあるが、スマホ時代となり、直接的なコミュニケーションの重要性が高まっていることが背景にある。ＩＴ各社では優秀なエンジニアを確保するため、サンフランシスコ市内からシリコンバレーに移動できる無料送迎バスなどを用意しているという。

ニトリやヤマダ電機、ＴＳＵＴＡＹＡなどを運営するカルチュア・コンビニエンス・クラブといった大手の小売店各社は、こうした変化に合わせて出店戦略を巧みにシフトさせている。

今後は**狭くてもよいので、確実な商圏を押さえた企業が有利**になる。これは小売店や外食に限らず、あらゆるサービス産業に共通の認識となるだろう。

表情や声など感性の分野をビジネス対象にできるか？

ＡＩが社会に普及すると、人の声や表情といった、これまで感性が支配すると思われていた領域にまで機械が入り込んでくる。これについての是非はいろいろあるだろうが、大きなビジネスチャンスが転がっていることだけは間違いない。

あくまで個人的な活動ということだが、野村證券金融経済研究所のエコノミストと米マイクロソフトの日本人社員の２人が、日銀の黒田総裁の表情をＡＩで分析し、金融政策の予想に応用するという研究成果を発表し話題となった。

２人が行ったのは、黒田総裁の記者会見の動画データを０・５秒ごとにキャプチャし、ＡＩを使って表情を分析するというものである。具体的には、それぞれの画像について「喜び」「怒り」「悲しみ」「驚き」「恐怖」「軽蔑」「嫌悪」「中立」の８つに分類し、会見ごとにどの感情の割合が高いのか統計的に分析した。

結果は非常に興味深いものだった。

マイナス金利政策やイールドカーブ・コントロールなど、重要な政策変更を実施する直前の会見では「怒り」や「嫌悪」の割合が高くなっていた。一方、金融政策変更の決定を行った後の会見では「悲しみ」の割合が低下していたという。

日銀は2013年の4月から量的緩和策を実施し、ある程度の実績を上げてきたが、目標とした物価水準には到底及ばないという状況が続いている。

イールドカーブ・コントロールの導入は、量的緩和策における重要な転換点となったが、その前の決定会合では予兆となる動きがあった。これまで行ってきた量的緩和策について「総括的な検証を行う」との表明が行われたからである。

黒田氏に「怒り」の表情が顕著となったのは、この時の会見である。

記者からは、これまでの成果をどう考えているのか、総括の内容はどうなるのかといった厳しい質問が相次いだ。

こうした重大局面では、言い方をひとつ間違えただけで市場に深刻な影響を与える可能性があることから、会見にあたって黒田氏は通常よりも慎重になった可能性が高い。黒田氏の表情に「怒り」の表情が多かったのは、怒っているというよりも、こうした厳しい状況を反映したものだろう。

黒田氏の表情の変化が、直接、将来の金融政策を示唆したわけではないが、結果としてＡＩによる分析は、次回の金融政策決定会合における新しい政策の導入を予想したことになる。

表情分析の手法を金融政策の予想に用いたものだが、これはあらゆる分野に応用することができる。

企業の業績見通しについて説明する企業トップや、会見に臨む政治家の表情をＡＩで分析することによって、隠れていたホンネを引き出すといったことが容易に実現できてしまう。こうした技術の応用は、企業の現場にも波及してくる可能性が高い。具体的には、**顧客の表情をＡＩで分析し、営業成績の向上につなげる**といった取り組みである。

日銀総裁や政治家は公人であり、企業トップも半ば公人といってよい存在なので、表情を分析しても大きな問題は起きないだろう。だが、一般的な企業活動の現場において、相手の表情を分析する行為がどこまで許容されるのかというのは難しい問題だ。利用方法については、社会的コンセンサスの確立が必要かもしれない。

知識や知能を積極的に販売できるか?

先ほどの黒田総裁の表情分析は、技術的に見た場合、それほど難易度が高いというわけではない。分析に使われたＡＩは、米マイクロソフトが一般に提供している感情認識エンジンであり、黒田氏の表情に特化して学習したものではない。

ＡＩの技術に詳しい人なら、今回の取り組みについて「それほど重要な話ではない」との評価を下すかもしれないが、筆者はそうは思わない。確かに使われている技術は汎用的なものであり、この分析システムを構築するのに高い技術は必要とされない。だが重要なのはむしろこの部分である。

従来であれば、高い技術と多額のコストをかけなければ実現不可能だった分析手法が、クラウドのサービスを使うことでいとも簡単に、そして安価に実現できてしまうのだ。

和歌山県のコミュニティ放送局の事例が放送業界にちょっとした衝撃を与えている。特定非営利活動法人であるエフエム和歌山が「ナナコ」と名付けられたＡＩアナウンサーによる運用を、極めて低コストで実現したからである。

小規模なコミュニティ局の場合、大量のアナウンサーを確保しておく余力はない。だがニュースや天気予報といった番組は、深夜や早朝にも必要とされるものであり、こうした時間帯での運用をどうするのかが課題であった。

音声の読み上げシステムは以前から存在していたが、システム会社に見積もりを依頼するとかなりの金額になってしまい、同局では導入を断念していた。だがこうした状況を一変させたのが、アマゾンのクラウドサービスである。

アマゾンは「ＡＷＳ（アマゾンウェブサービス）」と呼ばれるクラウドサービスを提供しているが、その中には、音声合成や画像分析、対話型インタフェースなど各種ＡＩサービスが含まれている。

利用者はアマゾンが提供するこれらの機能をクラウド上で利用でき、しかも料金は使った分だけでよい。専用のシステムを自前でゼロから構築する必要がないので、極めて安価に希望のシステムを作ることができる。

ちなみに音声の読み上げ機能は、１００万文字あたりわずか４ドル（約４５２円※

１ドル＝１０８円として）。一文字あたりは０・０００００４ドルでしかない。利用も簡単で、システムそのものはＩＴに詳しい同局の職員が手作りし、アマゾンに支払う利用料は年間１０００円程度とのことである。

こうしたサービスが普及してくると、情報システムに対する考え方はもちろんのこと、ビジネスにおける業務の概念も変化することになる。

これまで情報システムというのは、多額のコストや時間をかけて計画的に開発されるものであった。だが高度なＡＩシステムが、ネット上で安価に利用可能ということになると、情報システムに対する基本的な概念は１８０度変わる。

業務を進めながら**必要なＡＩ機能をネット上で探し、使った分だけ利用料を払う**というやり方が現実のものとなる。逆に言えば、**誰でもＡＩ化した機能をネットで提供できる**ということでもある。

人々が持つ知見やノウハウといったものは容易にＡＩ化され、それをネットで自由に切り売りできるようになる。10年後には**自分のノウハウをＡＩ化し、ネットで売って儲ける**というのは、当たり前の光景となっているかもしれない。

おわりに

本書では新しい時代の到来によって社会やビジネスがどう変わるのかについて論じてきた。しかし、もっとも大事なのは基本的な価値観の転換だろう。

これから起こる変化がどの程度のインパクトなのかは実際に起こってみなければわからないが、筆者は、産業革命並み、あるいは産業革命以上になると考えている。

18世紀に英国で始まった産業革命は、多くの人に物質的な豊かさをもたらしたが、影響はそれだけにとどまらない。工業化社会の到来は、人々の基本的な価値観を大きく変えた。

個人の権利や私有財産、社会の倫理観や家族に対する考え方など、私たちが何の疑問もなく当然視している現代の価値観は、すべて近代社会において出来上がったものである。

中世以前の社会ではまったく異なる価値観が支配していたにもかかわらず、近代化という一種の革命によってその価値観は180度変わってしまったのである。

ルネサンスに始まる長い近代化のプロセスは、あくまで精神的なものがベースだが、その背後には常にイノベーションが存在していたことを忘れてはならない。

今回、到来しているＡＩによる新しい産業革命が、18世紀の産業革命以上の出来事なのだとすると、それがもたらす価値観の転換もまた、大きなものになると考えた方がよいだろう。

具体的に言えば、核家族を基本とした現在の家族構成や、それを基準にした住居設計、男性と女性の役割分担、都市と地方の関係、企業という組織の存在意義、他人とのコミュニケーション方法、労働に対する考え方、都市計画のあり方など、あらゆる分野が変革の対象となる。

日本の場合、これに人口減少という動きが加わるので、インパクトの大きさは何倍にも拡大する。

こうした時代にビジネスや投資で成功するためには、「他」を理解する能力が何よりも重要となる。

日本社会は論理より情緒が優先されがちなので、理解することと、共感することがしばしば混同される。だが**新しい社会では、理解と共感の違いをしっかり峻別し、冷静に対処する能力が求められる。**

多様な価値観やニーズが混在する社会では、想像もしない商品が売れたり、直感では理解できないような相手とコミュニケーションを取る必要が出てくる。ここに共感という概念を持ち込んでしまうと、共感を得られない人とは仕事や取引ができないという事態に陥ってしまう。

共感はしないが、相手の考え方は理解するという、一定の距離を置いた付き合い方ができなければ、新しい時代での成功は難しい。

筆者もそうなのだが、多くの人は「自分がされて嫌なことを相手にしてはいけない」と教えられてきたのではないだろうか。この言葉は一見すると正しいように思えるが、新しい時代においては完全な誤りとなる。

「自分がされて嫌なことを相手にしてはいけない」という言葉のどこが間違っているのだろうか。それは正しい答を見ていただければわかるだろう。

正しい答は「相手がされて嫌なことを相手にしてはいけない」である。

自分がされて嫌だと思うことは、相手も嫌であるというのは、無意識的に同一の価値観であることが前提となっている。しかし価値観が多様化する新しい社会では、こうした理屈は通用しない。逆に言えば、自分にとってはよいと思えることでも、相手にとっては不快になる可能性があることを常に意識する必要がある。

従来の価値観から自由になる必要があるというのは、このようなことを指している。この部分を乗り越えることができないと、ビジネスや社会生活のあらゆる場面において、他人と適切なコミュニケーションが取れなくなる。しかも一連の変化は、人口減少やイノベーションがベースになっており構造的で不可避なものである。こうした構造的変化に対してあるべき論や精神論を持ち出しても解決は難しい。

社会の変化を受け入れられない人にとっては厳しい時代かもしれないが、変化を前向きに捉え、それをビジネスや投資に生かそうという人にとっては、これほど面白い時代はない。

本書を参考に、自分なりのシナリオを構築し、ぜひそれを実行に移して欲しい。

将来を予測し、それに合わせて自身のキャリアを構築していくことほど、知的興奮を味わえるゲームはないと筆者は考えている。

加谷珪一

加谷珪一（かや・けいいち）

経済評論家
1969年、仙台市生まれ。東北大学工学部原子核工学科卒業後、日経BP社に記者として入社。野村證券グループの投資ファンド運用会社に転じ、企業評価や投資業務を担当。独立後は、中央省庁や政府系金融機関などに対するコンサルティング業務に従事。現在は、経済、金融、ビジネス、ITなど多方面の分野で執筆活動を行っており、「ニューズウィーク日本版」（ウェブ）、「現代ビジネス」など多くの媒体で連載を持つ。億単位の資産を運用する個人投資家でもある。著書に『お金持ちの教科書』（CCCメディアハウス）、『感じる経済学』（SBクリエイティブ）、『新富裕層の研究――日本経済を変える新たな仕組み』（祥伝社新書）、『ポスト・アベノミクス時代の新しいお金の増やし方』（ビジネス社）、『教養として身につけておきたい戦争と経済の本質』（総合法令出版）、『お金は歴史で儲けなさい』（朝日新聞出版）などがある。

加谷珪一オフィシャルサイト
http://k-kaya.com/

ポスト新産業革命《しんさんぎょうかくめい》

「人口減少《じんこうげんしょう》」×「AI《えーあい》」が変《か》える経済《けいざい》と仕事《しごと》の教科書《きょうかしょ》

2018年3月16日　初版発行

著　者　加谷珪一
発行者　小林圭太
発行所　株式会社 CCCメディアハウス
　　　　〒141-8205　東京都品川区上大崎3丁目1番1号
　　　　電話 販売 03-5436-5721　編集 03-5436-5735
　　　　http://books.cccmh.co.jp

装幀・本文デザイン…西村健志
校　正……………………株式会社円水社
印刷・製本……………慶昌堂印刷株式会社

©KAYA Keiichi, 2018 Printed in Japan
ISBN978-4-484-18210-0
落丁・乱丁本はお取替えいたします。